3. 6

Z. Payen

550

page · et suiv. du proumierait curieux passage
et relatif à juste limaer à les rapports avec omali de
Gournay —

1625 / _Habent sua fata libelli_.

Ce petit livre inconnu dans cette
édition gisait ignoré chez Norséau
libraire à Paris quai Voltaire un libraire
de Londres l'acheta il y a une dizaine
d'années mais il ne trouva pas à le vendre
en 18.. M. Potier gendre de Norséau
alla à Londres ... ce petit volume
duquel il ... que de son
beau Père (...) l'acheta ... arrivé
à Paris ... ...

D...

Cette édition qui en différente des 3,
données par... Angelier reproduit textu-
ellement les éditions de 1594 et 1595.
j'en soupçonnais pas même l'exis=
tence lorsque M. Potier m'en procura
un exemplaire en juillet 1847.
en réfléchissant que je demande tout
ce qui se rattache à montaigne depuis plus
de 20 ans, que j'ai moi même cherché
dans plusieurs voyages chez tous les libraires
de Chambéry que un exemplaire en
le seule que j'au remarqué j'ai vu sans
exagération le dire _rarissime_.

LE
PROVMENOIR
DE MONSIEVR
DE MONTAIGNE.

Par sa fille d'alliance.

A CHAMBERY,
PAR MAVRICE MALICIEV.
1598.

L'Imprimeur au Lecteur.

IL y a quelques années que ce liuret fut en-
uoyé à feu Monfeigneur de Montaigne par
fa fille d'alliance:dont ayant efté depuis fon de-
cés trouué parmy fes papiers, Meffieurs fes parens me l'ont fai& apporter, pource qu'ils l'ont
iugé digne d'eftre mis en lumiere,& capable de
faire honneur au defun& : s'il fe peut adioufter
quelque chofe à la gloire d'vn fi grand & fi diuin perfonnage. Voy donc que c'eft, Le&eur.

A MICHEL SEIGNEVR
DE MONTAIGNE.

VOVS entendez bien, mon pere, que ie nomme cecy voſtre Proumenoir, parce qu'en nous proumenant enſemble, il n'y a que trois iours, ie vous contay l'hiſtoire qui ſuit; comme la lecture que nous veniõs de faire d'vn ſubiect de meſme air (c'eſt des accidens de l'Amour en Plutarque) m'en mit à propos. L'ocaſion qui m'eſmeut à la coucher maintenant par eſcrit, & l'enuoyer depuis voſtre partement, courir apres vous, c'eſt afin que vous ayez plus de moyen d'y recognoiſtre les fautes de mon ſtile, que vous n'euſtes en mon recit qui paſſa ſoudain. Gouſtez le donc & me corrigez, mais i'ay peur que ſi ie vous ſomme de notter ſes deffaux, vous me diſſiez qu'il ſeroit plus mal-aiſé de remarquer ſes graces : quel remede, ſi vous ne m'excuſez, vous excuſerez mon aage, & la

bien

bien-vueillance que vous me portez, luy concedera son pardon, si la raison luy refuse. Certes si quelqu'vn s'esbahit, dequoy n'estant pere & fille que de tiltre, cette bien-vueillāce la qui nous allie ensemble, surpasse neantmoins celle des vrays peres & enfans, bien qu'elle soit la premiere & plus estroicte de toutes les naturelles: que cest homme essaye vn iour de loger la vertu chez luy-mesmes, & la rencontrer en autruy, lors il ne s'esmerueillera point; qu'elle ayt eu plus de force & de puissance à concilier des ames, que la nature n'en a. Les affections naturelles ont plusieurs fois manqué, les freres se sont faict la guerre entre-eux, voire les peres & enfans, mais la dilection tres-saincte de Pithias & de Damon, que la raison (la nature s'attribue le sceptre entre les bestes, entre les hommes, la raison le doit tenir) auoit appariez par le merite de leur suffisance & de leur vertu, fut inuiolable. Il faut entrer aux amitiés par les portes de la vertu, qui veut estre bien asseuré de n'en sortir que par celles de la mort. Or apres tout, ne vous offencez pas que i'aye osé parer vn si chetif ioüet de vostre nom, car ie ne l'y mesle que comme celuy de Iupiter parmy les sacrifices qu'on luy offre. Ie rapporte

l'argu

l'argument de ce comte d'vn petit liure que
ie leuz d'auanture, il y a quelque an, & d'autant que ie ne l'ay sçeu reuoir onques puis,
i'ay mesme oublié son nom & celuy de l'au-
cteur encore. Si est-ce quand ie l'aurois entre
mains, que ie voudrois außi bien qu'à cette
heure, escrire sans luy rien emprunter, pource que ie ferois religion de souiller ses inuentions du meslange des miennes, & que ie n'ay
point apris l'exemple de la corneille d'Esope,
sinon pour le fuyr l'ayme mieux estre vuide,
que pleine de debtes. Mais c'est, au reste, vn
déplaisir qu'on soit tousiours contrainct en
tels subiects que cestuy-cy, de laisser couler
des traits vn peu mols pour vne plume femi-
nine: toutesfois ils portent en recompense l'vtilité d'aduertir les dames de se tenir en garde. Au surplus, vostre sentence m'ayant rendu ce tesmoignage honorable, que mon enten-
dement estoit plus propre aux matieres soli-
des qu'aux legeres, vous iugerez incontinent
que si ie vous communique quelques vers qui
sont au bout de cet escrit, ce n'est pas vn
traict d'ambition, mais de conscience: c'est à
dire pour mettre ordre que vous ne vous trõ-
piez pas à m'estimer plus fine que ie ne suis.
C'est tout vn, encore ne sçay-ie si ie ne prends

A 3 pas

pas volontiers plaisir à faire quelque niaise-
rie exprez, pour vous mettre, en me chastiant
mon pere, à l'exercice de l'Empire que vous
auez en moy. Quand à la traduction sur l'E-
neide, que vous verrez aussi, puis que le gentil Dubellay mesme s'en est deuāt moy meslé,
les autres qui ont eu part en cette entreprise,
auec luy, ne doyuēt pas m'accuser que ie l'aye
attenté pour cuider emporter le prix : au contraire, ils doibuent desirer des compagnons en
la course, dont ils veulent recueillir de l'honneur, car la concurrence est de l'essence de la
victoire. C'est vn tres-laborieux & chastouil-
leux mestier que de tourner de tels Poëtes.
Rendez l'intelligēce sans la grace, ou la grace
sans l'intelligēce, vous vous mocquez : vueillez
leur rendre aussi l'vn & l'autre, outre l'extreme difficulté qui s'y trouue, il leur faut tousiours prester quelque chose, sur le choix de
laquelle pour n'empirer le poesme on se mor-
fond ordinairement, & si faut encore au bout
du champ, (faictes si biē que vous voudrez)
qu'ils perdent au change de leur langue. Et
pour le regard de ce que la ryme s'y verra par
fois vn peu plus libre qu'elle n'est aux com-
positiōs de nos Poëtes, la seruitude d'vne ver-
sion m'en excusera trop, vers les clair voyans.
Or

Or ie voudrois vous pouuoir aller dŏner deux
ou trois heures de ma lecture, pour vous faire
rire moy-mesme du vain employ que i'ay faict
icy de quelques Serées, mais vn page en aura
la commiſſion en ma place, à fin de vous garder l'vn de ces ſoirs apres ſouper de trauailler voſtre ame à des occupations plus ſerieu-
ſes. Ie baiſe les mains à Madame & à Ma-
damoiſelle de Montaigne ma ſœur, & à meſ-
ſieurs de la Brouſſe & de Mattecoulon vos
freres, & qui me fŏnt cet honneur de ſe dire
auſſi les miens (quant à Monſieur d'Ar-
ſat ie croy qu'il n'eſt point auec vous) qu'ils
ne ſe mocqŏent pas de la cheſiueté de ceſt ouurage, ſi Monſieur de Mattecoulon ne veu
que ie me pleigne de ce qu'il n'a point emplo-
yé le credit que ſa tres-fameuſe vaillance luy
preſte chez Minerue, pour obtenir qu'elle me
dŏnaſt auſſi vne bŏnne plume, qu'elle luy dŏne
vne bŏne eſpee. Mon pere receuez icy l'adieu
de voſtre fille, glorifiee & beatifiee detiltre.

Nec metus, in celebres ne noſtrum
  nomen amicos
Inuideant inferre, ſinant modò fata,
 nepotes.
   A Gournay le 26. de Nouembre
  1588.

LE PROVMENOIR
de M. de Montaigne,
à luy-mesme.

L E Roy de Perse, mon pere, prins par vn autre puissant Roy des Parthes à la finale bataille d'vne longue guerre: les Perses, à ce coup prosternez, ne sçeurent prendre autre party que d'essayer à faire de patience fortune, & vont porter la carte blanche au vainqueur, pour obtenir paix à leurs miseres, & deliuranc e à leur Prince. Or quoy que ce soit, qui en fust la vraye cause, il se contenta de conditions fort peu ruineuses à l'estat : mais ayant demádé pour vn article le mariage d'vne belle & bien nee prîncesse, fille d'vn Satrappe oncle du Roy mesmes, on pensa qu'il traictoit ainsi doucement le Perse en faueur d'elle luy voulant faire pour

l'obliger

l'obliger vn prefent, du falut de fon
pays, comme en aduance d'vn tref-bel
& tref-magnifique douaire, & iügea-
on combié il en deuoit eftre amoureux
en ce qu'il offrit du premier coup pour
l'achapt de fa bonne grace vn prix de
victoire, & vn prix qui n'auoit mefure
que fa volonté. Le pere de la dame.

————————*virgo*

Regia, quam fuauis expirans lectus odores
Lectulus, in molli complexu matris alebat
Quales Eurotæ progignunt flumina myrtos,
Auraue diftinctos educit verna colores

fage vieillard & feconde perfonne de la
Perfe, fe trouuoit importuné d'vn mariage eftranger, d'autant qu'il fe voyoit
priuer par là, du regne futur des enfans
de fa fille, a qui le Royaume tomboit,
le Roy n'efperant point auoir de race.
Neantmoins il fe laiffa contraindre à
l'affection du pays, & du Prince, & la
luy fiance par les Ambaffadeurs Per-
fiens, qu'il renuoya vers luy bien toft
apres. Or la princeffe qui fe nommoit
Alinda, trouua fort dur, qu'on l'allaft
faire renoncer au doux air natal, au
fein de fa mere, & des fiens, pour la iet-

A 5 ter,

ter, comme confiſquée par droiĉt de vi-
ĉtoire, en la mercy d'vn homme incon-
gnu d'elle, & d'vne nation fiere & barbare, ou la ſeule douceur qui leur reſte-
roit deſormais, feroit pleurer & regret-
ter la Perſe tout ſon ſaoul. Mais ſon pere luy remonſtra: cognois ta condition
diſoit-il ma fille : les conſiderations
du bien particulier ſont pour les gens
priuez qui ne iouyſſent que du particulier, mais aux Princes qui iouyſſent du
public, le ſeul egard du public doiť toucher. Penſons nous donc eſtre nez Rois
& libres enſemble, certes chacun des
hommes n'eſt ſubieĉt que d'vn Prince,
mais vn Prince eſt ſubieĉt de tous les
hómes: c'eſt la ſeule perſonne d'vn eſtat
qui ne peut rié refuſer à ſon ſalut, & la
ſeule a qui tout le monde peut repro-
cher ſa ruyne lors qu'elle arriue, s'il ne
l'a deuance de la ſienne propre. Si nous
en cómandons pluſieurs, c'eſt pour bié
faire à pluſieurs , car nous ne ſommes
ſuperieurs que pour eſtre proteĉteurs
& ce que nous pouuons ſur le vulgaire, nous le deuons employer pour luy,
ceux qui diſent que le ciel a monſtré
qu'il

qu'il nous cheriſſoit particulierem ent
& nous declaroit ſes fils aiſnez en
nous faiſant Rois , diſent vray , maïs
ce n'eſt pas (ainſi qu'ils cuident) pour
eſtre eſtablys à regir le reſte des hommes (car ce priuilege nous couſte
trop) ains par ce qu'en la grandeur de noſtre puiſſance il nous ſug-
gere ſe moyen de faire plus de bien
que les autres , & que nous preſtant
le moyen de mal-faire , il rend nos
bien-faicts plus meritoires & plus dignes. Nous ſommes donnez aux hommes , à fin que nous leur ſoyons comme la nourrice à l'enfant , & le Prince qui penſe que les hommes luy ſo-
yent donnez à luy comme en propre,il
ne faut plus qu'il les menace du glaiue
s'ils l'offencent , il faut qu'il les menace de la foudre , car il ſe fait Dieu,
d'autant que les Dieux ne ſe peuuent attribuer choſe plus aduenta-
geuſe ny ſouueraine , que d'eſtre poſ-
ſeſſeurs & maiſtres de l'animal , pour
lequel ils ont crée toutes choſes.Quãd
quelqu'vn me vient preſcher que nous
auons cette abſoluë proprieté ſur le

peuple, l'aage & l'experience m'ayants
apris que la pauureté seroit moins miserable à nous autres grands , que n'est
la richesse qui rend nostre bonne grace
si desirable à tels flateurs, ie prie en sou-
riant ce personnage de m'esclaircir, qui
peut mouuoir les Dieux à despouiller
leur iustice & leur prouidence , de la
domination du genre humain, pour en
inuestir l'iniustice & l'aueuglemét d'vn
homme : dequoy desormais ils sont sei-
gneurs, puis qu'ils ne le sont plus des
hommes ? Qui leur faict prendre ini-
quement le priuilege de punir les hu-
mains en leur faultes, puis qu'ils en ont
deposé la maistrise en la main des Roys?
Pour quel respect conuenable à l'ordre
& l'equité qui est en eux, ils ont confis-
qué tant de gens de bien , & de sages à
vn chef qui sera souuent le plus meschant & le plus ignorant du pays de sa
domination ? Quelle nouuelle incon-
stáce les a prouoquez à denuer les peuples de la liberté qu'ils leurs auoient
departie par nature , afin d'en saisir vn
Prince , & pour ce louable plaisir de
rendre vn d'entre eux vsurpateur, faire
                                        tous

tous les autres depossedez ? Et finallement à quelle cause ils n'ont pas mieux
aymé construire l'vniuers pour tant de
milliers d'ames humaines que pour
quatre seulement qui le regiront. Car
si les nations appartiennent en propre
aux Monarques, le monde, cieux, terre,
lune & soleil ne sont faicts que pour
eux, comme le bergail pour son berger,
d'autant que la possession se refere au
possesseur. Et certes ma mie quãd mesmes tu n'aurois point ces considera-
tions, encore ne seroit-il pas loisible de
frauder ingratement ta patrie, qui par
ce qu'elle esperoit tousiours de tes nopces vn grand & heureux fruict, peut attribuer les graces, dont les Dieux t'ont
faict part au merite des benedictions
qu'elle t'a donnees, t'embrassant dés
ton bas aage auec pareille tendresse
d'amour, que ta mere & moy t'embras-
sions pour vnique enfant. Vous desi-
rez en voz Essais mon pere (c'est à dire
au tiers chef du Triumvirat de Plutarque & de Seneque) que nostre Iustus,
Lypsius, voulut entreprendre vn certain, vtile & bel œuure, ie luy ay plu-
                                    sieurs

Il sem-
ble quel-
le don-
naft en
cecy
quelque
presage
des Poli-
tiques
quil a
depuis
escrites.

sieurs fois souhaitté l'entreprise d'vn autre, encore auquel il nous instrui-sit du deuoir mutuel des Princes & des peuples, & iusques où s'estendent les priuileges des vns vers les autres. Le discours precedét du Satrappe m'en a faict ressouuenir. Si cest esprit que i'appelle plus que iustement apres vous tref-polly, iudicieux, & le plus sçauant qui nous reste, auoit pris la charge de decider le perpetuel differend, où ces deux partis sont sur ces articles là: certes il semble que par le credit qu'il s'est acquis en toute l'Europe, l'vn & l'autre auroit plus de hóte de n'aquie-scer pas à sa sentence qu'à celle d'vn autre iuge qui s'en voudroit entremet-tre. Et si faut croire qu'vn tel liure n'apprendroit pas à viure aux Roys & subiects de nostre siecle seulement, mais encore à tant qu'il en naistra par apres, pour ce qu'estant composé de si bonne & grande main, il ne sçau-roit perir durant que les muses sçau-ront parler. Le Satrappe, pour reuenir à mon subiect, amena bien sa fille au con-sentement par ces remonstrances, mais

en

en sorte qu'elle le prestoit à la seule force de son deuoir, regardant tousiours
ce dessein d'vn œil triste, & couuert de
larmes, à chasque fois qu'elle venoit à
se representer le contentement & les
auantages qu'on luy arrachoit, en la
banissant de son pays. Somme qu'vn
ample & royal equipage est dressé, lequel outre la qualité d'elle, regardoit
l'hôneur du Roy captif, & on la met en
chemin côsite en douleurs & en pleurs
sur l'a-Dieu de sa mere. Le Satrappe
luy mesme pour le respect de son Prince, voulut estre conducteur, Ils arriue-
rent pour le premier giste chez vn vieil
Seigneur du pays, qui s'estoit retiré
n'a gueres de la cour, & auoit vt fils auec
luy, les graces du quel rendoyent sa
ieunesse & sa beauté si dangereuses, que
les plus sages dames n'estoyent pas celles qui luy faisoyent teste, mais bien
celles qui le fuyoyent, & s'appelloit
d'vn nom Leontin. La beauté creuë &
simple, est faicte pour estre regardee,
celle qui a les graces à sa fuitte,
pour estre redouttée. Que s'il eust esté
permis de faire vn present conuenable
à cha

à chacune des deux, i'ay veu des gens
qui euffent donné le pigne & le miroir
à la premiere, & le mafque à la feconde,
iugeans que qui veult faire fon proffit
de l'vne & de l'autre, il faut farder &
fophiftiquer celle là, & cacher celle cy:
voire que fi l'on marque leurs chaffes
particulieres, on trouucra que l'affeterie fans beauté, a bien produit plus de
miracles que la beauté fans affeterie.
Ie dis donc que le Satrappe eft reçeu là
dedans felon fa dignité, grands honneurs, grands apprefts pour les fe-
ftoyer. Le vieil feigneur mefme feruit
le Satrappe d'efchanfon à foupper, &
diftribua fon fils à mefme office vers
la princeffe. Or le ieune Leontin, contemplant la bien-feance & l'elegance
de cefte dame, cuida que les dieux, ou-
urans à ce coup le ciel, euffent defcou-
uert la deeffe Iunon aux yeux des hommes, & admira la beatitude de celuy
qui la poffederoit, comme d'vn compagnon de Iupiter. Mais par apres cefte
imagination de la felicité d'autruy, fe
conuertit finon de prime face en ialou-
fie, au moins en vn defplaifir, de ce que
le

le souper duroit trop peu pour l'ayse
de la considerer , & puis de ce qu'il
falloit qu'elle partift le lendemain : &
ce desplaifir peu à peu , deuint tout à
faict douleur & tourment. Si n'osoit-il
encore s'aduoüer à luy mesme, que ce
qui le blessoit , fust vne atteinte d'a-
mour , pour la prodigieuse erreur que
c'estoit de s'enamourer en tel lieu, dont
il s'efforça tout le soir de desmentir
son propre sentiment , afin de se faire
accroire qu'il ne cognoissoit point
d'où procedoit vne lente & molle fie-
ure , qui troubla toute la nuit son repos , apres auoir fiché ses yeux en ce
visage , tant qu'ils en peurent auide-
ment humer l'inspection,

Ille mi par esse Deo videtur,
Ille , si fas est , superare diuos
Qui sedens aduersus identidem,
—Spectat & audit.

Sur ces termes la fortune luy feit vn
tour qu'il n'eust pas esperé , car le lendemain matin à l'heure de partir, le Satrappe vieillard se trouua malade , en
forte qu'il fallut demeurer. Mais comme les ambitieux disent que l'acquest
d'vn

d'vn auantage n'eſt qu'aiguillon de
deſir pour vn autre, ainſi ayant gaigné ce poinct de la preſence, ſon feu ré
forcé par la veuë côtinuelle de l'obiect
commence lors à luy donner plus de
trauail pour ne pouuoir parler, qu'il
n'euſt faict de prime abord pour le depart. Pluſieurs choſes s'oppoſoient à
l'accés, la Princeſſe touſiours aſſiegee
d'vne legion de Dames, la chaſteté, la
froideur, & la grauité peintes en ſon
front, & non moins ceſte timidité dont
les amans ſe plaignent.

Incipit effari mediaque in voce reſiſtit.

Car iaçoit qu'il ne fuſt pas ſi fol que
d'oſer deſlors attenter de luy rien dire
qui reſentit ſon amoureux, ſi eſt-ce
que la conſcience, qui penetre iuſques
aux intétions ſecrettes, ne luy permettoit pas d'auoir plus de hardieſſe que
de bonne volonté. Or vne apreſdinee
que le malade vouloit dormir, elle ſe re
tire en vne chaiſe reculee dans vn coin
de la chambre, où ayant appuyé ſa teſte de la main, elle ſe met à profondement ſonger. Leontin prend courage d'approcher d'elle, mais comme
il

il veut commencer de parler à genoux
Alinda qui le veid vaciler le preuient
doucement & affablement ainfi : Puis
que la fortune vouloit que nous vif-
fions mon pere malade, elle n'euft peu
l'arrefter en plus commode lieu que
ceftui cy, ni chez perfonne à qui nous
aymaffions mieux eftre obligez qu'à
ton pere & à ton Leontin.

His dictis, incenfum animum, inflammauit
amore.

Luy r'affeuré de ces parolles : Et la
fortune, dit-il, ô Princeffe, donera toufiours fubiect à Leontin de fe plaindre d'elle , tant quelle luy deniera le
moyen d'employer, nô ces petits feruices, ains la vie mefme pour le tres-illu-
ftre fang de Cyrus. Mais s'il m'eftoit
permis de choifir à mon gouft vne oc-
cafion entre les autres de la deuoüer à
ce treffainct deuoir, ie choifirois fur
le champ de refpandre mon fang &
mon ame au pied de l'autel des Dieux,
pour l'expiation de l'ire (telle qu'ils la
puiffent auoir conceüe) par laquelle ils
ont condánee là Perfe à fe laiffer priuer
de toy. Que nous profite d'auoir tant
offert

offert de vœuz au ciel pour obtenir que tu naquiſſe au monde, afin de voir ſortir de ton ventre cét enfant dont la puiſſance deuoit eſtre telle que le genre humain auroit deſormais à requerir ſa bien-vueillance au lieu de la bonne fortune, & à meſpriſer la mauuaiſe quand il l'auroit? cét enfant, dyie, le regne duquel nous dipenſaſt de ſouhaittet & de craindre? Miſerables que nous ſommes, vn eſtranger nous vient maintenant apprendre que nous ne t'auons obtenuë que pour te perdre! Quoy donc? ta patrie peut-elle quitter la iouyſſance de ta vertu tandis qu'elle garde ſa ſouuenance? Quelque autre terre ſera elle iugee aſſez digne pour te porter hors celle qui a eſté aſſez bien fortunee pour te produire? Heureuſes les filles baſſes & populaires, qui ſans iamais bouger du giron de leur pays, eſcoutent vn iour celle qu'ils ont appelé mere, inſtruire leurs petites creatures (qui commencent à deſnouër la langue) à les saluër à leur tour de la douceur de ce nom. Alinda ſeroit heureuſe comme elle ſi ce tiltre infortuné

d'vne

d'vne vierge royale ne s'y oppofoit, &
fi l'eftre dame, & maiftreffe des autres,
ne l'interdifoit des communes felicitez
de la vie humaine, au lieu de luy prefter
quelques aduantages particuliers. Certes quiconque peut auoir le cœur de
nous priuer de tes graces & faueurs,
& toy de nos feruices, il l'auroit auffi
de rauir aux hommes, s'il pouuoit, la
beneficence des Dieux, & aux Dieux
les facrifices des hommes. Mais quelle
foudaine forcenerie furprend les Per-
fes, fur le choix de tous les viuans, ils
n'auoyent fceu trouuer en vingt annees vn mary digne d'engendrer, en
leur Princeffe, l'heritier du plus hault
& du plus imperieux eftat de la terre.
Et ceftui-cy maintenant eftourdiment
pris, ils la luy vont ietter en proye, elle
& fa fecondité bien heureufe, & encores en des lieux ou tout le remede qu'-
ils pourront deformais apporter à fes
maux fera la pitié. S'ils difent qu'vn
vainqueur l'a voulu, leur refpondrons
nous point qu'il eft vainqueur de noftre vertu, non pas de noftre fortune,
tant qu'il trouuera chez nous l'efpee
&

& la foubmiffion enfemble ? L'ennemy perdra fa victoire fi nous perdons no-ſtre peur. Son auātage ne luy peut per-mettre d'aller plus haut, ny l'inconftā-ce naturelle du fort d'arrefter en vne place. Le dernier degré de la montee en cefte efchelle du bon heur, c'eſt le premier de la defcente. A quoy feruent donc à nous autres la ieuneffe & la for-ce ? fi pouuons nous gaigner encore ce poinct de mourir en combattant, quand nous ne pourrions vaincre. Et graces aux Dieux ie ne voy iuf-ques icy nul de nous qui fe foit laiffé tomber en foibleffe ; nul qui n'aime mieux battre fon ennemi que le feruir; & qui n'accufe & depite le decret de donner telle rançon que toy, comme deliberation de gens qui ont eu plus de crainte de faillir à fe fauuer qu'à re-couurer le Roy. Certes le fubiect des paroles conuians Alinda d'efcouter ce beau forcelage plus attentiuement, el-le ne priſt pas garde que Leontin ne plaignoit fes maux que pour les multi-plier, & luy faifoit aualer la poifon de

l'amour

l'amour en la coupe de l'adulation. Elle
veut pleurer du resentiment de son
desastre, apres auoir remis la teste sur
sa main, mais la nouuelle concurrence
de l'amour contre ceste douleur trouble & diuertit son cours, & vn secret
orage qui commençoit à se leuer au
sein de la pauureté, disperse & dissipe
les larmes à mi-chemin, ne luy en lais-
fant rien môter aux yeux qu'vne chau-
de petite goutte, laquelle au lieu de les
amolir sembloit les attiser, puis ils s'a-
lument soudain, & la modestie ne peut
estre si forte qu'il ne leur eschappast
des œillades.

Nec prius ex illo flagrantia declinauit
Lumina, quã toto concepit pectore flammam,
Funditus, atque imis exarsit tota medullis.

Leontin qui vraymét auoit trop d'art
& d'esprit pour la simple bôté de ceste
adolescente, sentit incontinent qu'elle
estoit blessee : dont reprenant double
courage. Et quoy, ce n'est donc pas seulement au malheur de la patrie, c'est en
despit d'elle aussi (le disát sur ses pleurs)
que l'on nous l'arrache ! Qu'atten-
dons nous Perses, est-ce à prendre
les

les armes lors que l'infamie de ne les
auoir ofé mouuoir à cette heure, nous
en rendra pour iamais indignes? Il re-
charge ainfi, & s'en alloit exaggerer,
quand tout plein de Dames, s'en vin-
drent renger autour de la Princeffe, &
luy coupperent broche. Partant il fe
leue, & s'en alla fi fort alteré, qu'il fe
trouuoit prefque vn autre luy mefme.
Auffi fe peult-il dire combien l'émo-
tion de ces beaux yeux auoit augmen-
té fa flamme: car non feulement les de-
monftrations d'vn refentiment mutuel
efchauffent les amans par l'efperance,
mais plus encore par obligation, dont
le moindre atome leur eft vn monde,
d'autant qu'ils ne la mefurent iamais
par fa valeur propre, ains par celle du
fubiect qui la confere. Alinda de fa part
pour effayer à fe r'affeoir de l'eflance-
ment que luy auoit donné Leontin, &
fe l'ofter de la tefte, diuertit tant qu'elle peut fon ame en la confideration de
fon infortune: mais elle n'a pas fi toft
affis la penfee deffus, que, malgré tous
fes efforts, elle fe fentit de rechef fup-
pofer au lieu de cela l'affettee doleance
dont

dont ce ieune homme luy auoit figu-
ré tel defaltre, s'en eltoit plaint des
Dieux & des hômes; puis apres la forme, le gelte, lefprit, & la vaillâce de luy
remplillent à coup fon imagination.
Mais ce n'elt pas mon gibier d'eferire
le progrez de l'amour de celte pauure
femme, mon pere, il me fuffit de le
plaindre.

Heu mifera exagitans immitti corde furores
Sancte puer, curis hominū qui gaudia mifces
Quæque regis Golgos, quæq; Idalium frondo-
  fum:
Qualibus incenfam iactatis mente puellam
Fluctibus, inflauo hofpite fufpirantem.

Encore moins la fimplelle qui elt en
moy pourroitelle deuiner auec quelles
perfuafions Leontin peut mener à chef
le monltreux dellein qu'il accomplit
en Alinda. Suffit qu'en quinze iours
que dura le mal du Satrappe, Amour
& luy fceurent fi bien vener vne ame
nouice, qu'il la reduifit au confentement de le fuyure, nouueau mary, par
tout où il la voudroit mener defguifee.
Cé pendant il elt bien certain qu'elle
ne fe rendit point fans grand & afpre

contraste & resistence, tant contre elle
mesme que contre le pourfuyuant. Se-
ra-il dit que ie trahisse mon pere, moy
fille, moy, dy-ie Alinda? Que ie trahisse
la liberté du Roy, moy tant honoree
que d'estre esleüe pour sa rançon, apres
que le puissant Empire mesme de Perse
s'est veu reietter entre les choses indignes de lui en seruir, par vn Prince à qui
la victoire attribuoit tout ce qui lui eut
pleu de choisir! Est-il dit que ce soit à
iamais sur l'horreur de mon exemple,
que les meres instruiront leurs filles à
fuir le mal? Faudra-il que ie me rende
la plus odieuse, & la plus iniurieuse, de
toutes les choses du monde au pere &
à la mere, qui m'ont si cherement & si
tendrement esleuée? Et puis qui me
pousse? Sont-ce les cruels tourmés que
mon ame supporte? ce visage palle &
fondu ce sang & ces esprits escoulez
de mes veines, qui menassent de verser
bien tost encore la vie par la force de
telle langueur? comme s'il n'estoit pas
cōmandé, non que de se laisser mourir,
ains de se tuer expres, pour ne violer
point le deuoir. O grand Oromasdes
preste

preſte moy ſecours,& i'appelle la mort
meſme ſecours & guериſоn , pourueu
que tu la me donnes en mó innocence.
Elle parloit de ceſte ſorte, & ces conſi
derations la remettoient par fois en
bons termes.Mais quoy?plus elle bande toutes ſes forces pour s'arracher
Leontin de fantaſie,& plus elle l'y ren-
graue profondement?parce que plus vi
uement elle le craint,& plus viuement
elle ſe le repreſente.

—pendétque iterum narraniis ab ore,
La playe s'enſanglante au retenter, elle fuit tant qu'elle peut,mais elle emporte ſon mal auec elle.

———qualis confixa cerua ſagitta,
Quam procul,incautam,nemora inter Creſ-
ſiа fixit,
Paſtor agens telis, liquitque volatile ferrum
Neſcius,illa fuga ſiluas ſaliúſque peragrat
Diƈæos,hæret lateri lethalis arundo

En fin donc;comme i'ay dit)l'amour
& l'amant forcerent la raiſon,& la deſ-
logerent de chez elle,ſi qu'il ne luy reſta plus que la ſeule retraiƈte des yeux,
leſquels,à faute de pouuoir mieux faire
elle noyoit de larmes.De maniere qu'A

linda se prepare par le seruice d'vne de
ses dames qu'ils auoient gaignee. Puis
la nuict dont la Cour deuoit patir le
matin, Leontin les desrobe desguisees,
& par huis & par destours secrets les
faict euader iusqu'au plus proche port
de la natolie, où il charge en vn ba-
steau designé, luy, elles, & quelque sié
valet, auec vne richesse tresgráde de ba
gues que la Princesse faisoit apporter
pour leur besoin, estargis donc qu'ils
sont en pleine mer.

Vicimus, exclamat, mecũ mea vota feruntur

Leontin, nouueau mary, n'eust pas
craint de se soustenir que les champs
Helisees estoient transferez en la mer.

—*non pronuba Iuno,*
Non Hymenæus adest, illi non gratia lecto.

Elle aussi de sa part estoit si fort en-
yuree, & si charmee en son miserable
amour, que elle n'eust pas voulu faire
eschange de sa petite barque à quelque
grand Empire, n'estimant que l'estre
Reyne peut contrepoiser la felicité
de tenir cet homme en lieu où elle ne
l'eust sceu perdre vn moment de venë,
tirer vne œillade qu'il ne recueillie, ny
exaller

exaller vn souspir qui ne tombast en
ses oreilles. Tandis le matin arriué, le
Satrappe se leue: il enuoye veoir comme se portoit sa fille, & s'elle feroit
plus gueres attendre les Perses, ja tous
a cheual à la porte. Mais comme on
luy rapporta sa chambre & son lit estre
vuides, & ses fémes du tout ignorantes
où elle estoit, adóc il s'y en va luy mesme, auec le sinistre presage d'vn soudain battement de cœur. Il la fait
chercher de tous costez, & n'y eut coin
n'y cachette en la maison qu'vne four-
milliere de gens, bien embesongnez,
ne furetast haut & bas. Apres cela
les iardins, & finalement les parcs, &
les champs voisins furent feuilletez,
remplissant tout l'air de cris qui l'ap-
pelloient. Or iusques à ce point les
esprits de ces siecles là, cóme vous sça-
uez, mon pere, estoient capables par
discipline de croire que quelque Dieu
la peut auoir enleuee: mais quand on
trouua Leontin absent, aussi la verité
se vid à clair. Neantmoins quelque
grande que fut l'infortune, si auoit bié
le Satrappe assez de constance pour la

porter simple, cognoissant qu'aux choses desesperees la patience est vn remede : mais estant agrauee de si pesan-
tes circonstances, vn vainqueur irrité,
le Roy demeure court, & l'estat en con
fusion nouuelle, il eust extreme peine
de s'arrester à mi-chemin du desespoir.
Les mariez en ces termes poussez d'vn
vent prospere, auoient ia mesuree vne
espace, infinie de mer, lors que la tempeste, esleuee à coup, du commencement les estonna, puis renforcee peu à
peu les maistrisa de façon, que tātost pi
rouëtant & tantost lançant le vaisseau
de toutes parts, elle les iette apres quel
ques iours en vne plage de la plus rude
trace au rebours de leurs desseings
Car Alinda commādoit qu'ils s'allai-
sent habiter en quelque quartier d'Italie afin d'estre plus loin de cognoissan-
ce, attendant si quelque bonne fortune
luy pourroit pacifier son pere, & luy
r'ouurir le doux chemin de son pays,
dont le desir luy nourrissoit l'esperance. Ils demeurroyent donc sur ce riua-
ge estonnez, desertez, sans cognoissan-
ce de regiō ny d'adresse, & la Princesse

se transsie encore de l'effroy, passé,
qui mouuoit tout le monde à compassion, de luy veoir si patiemment porter
l'eschange de ses delices accoustumees
à ces rudes incommoditez. Mais vn
certain seigneur de la contree, riche &
assez bien né pour le climat va surue-
nir, lequel quand il les vid si mal en
poinct, & toutesfois iugeât qu'ils estoient issus de bô lieu (par ie ne sçai quelle
energie de leur visage & à leur port) il
leur offre seiour, attédant qu'ils eussent
mis eux & leur esquif en estat de para-
cheuer le voyage designé. Puis qu'il te
plaist seigneur (dit Leontin) de recueillir ces pauures estrangers, ie veux espe-
rer que nous n'aurons point eu de perte à faire naufrage. Il ne me sera iamais
au reste offert de grace qui m'oblige
plus que celle qui me preste le moyen
de tirer ceste pauure dame du malaise
où elle est, & allons soubs ta faueur &
celle des dieux protecteurs de l'hospita-
lité, qui vueillent à tousiours entrete-
nir chez toy la felicité que tu sçais employer si courtoisemét. Ainsi ils suyuét
le Thrace qu'on nommoit Othalcus

en vne sienne proche maison de plai-
sance, ou ils furent bien & fauorable-
mét receus, tant de luy que d'vne sœur
sienne qui s'y en estoit n'agueres ve-
nue esbattre de la ville : Mais ils n'eurent pas encor iouy de ce repos huict
iours, que les mesmes yeux qui auoyét
vaincu Leontin n'ayant ny dissipé leurs
forces en ce premier effort, ny detrem-
pé leurs visues flammes en la mer, có-
mencerent d'allumer peu à peu le rude
sein du Thrace qui n'auoit au parauant
accoustumé que la guerre & la chasse
des bestes sauuages. Aux premiers as-
saults de son mal il se contraignit, d'autant qu'il auoit à contrecœur d'outrager son hoste en celle qu'il luy voyoit
estre si chere : toutesfois en fin sa passion le pressa tant , qu'vn iour comme
Leontin estoit allé veoir la prochaine
ville , il se descouure en ardentes prieres. Alinda qui d'vne part auoit son
deuoir en recommandation extreme,
& d'autre costé l'autre toute noyee en
l'amour de Leontin , n'auoit pas à consulter sa responce entre le ouy & le
non , mais bien à chercher quelque refus

fus qui fuft pour couler fans offence de
celuy qui pouuoit tout fur eux. Ainfi
donc elle le repouffe auec douceur (&
fi n'euft pas penfé , bien que l'opinion
commune y contredife, que les autres
femmes euffent bleffé leur honneur
pour dire non, & doucemét, & en riant
encore, pourueu qu'elles ne ceffaffent
iamais de rire comme cela, & s'excufe
le plus dextrement que luy permit le
trouble où la mettoit l'apprehenfion
de fon peril, & vne nouuelle pitié de
la defolation de fa fortune, laquelle luy
pouffa les groffes larmes aux yeux. Si
faut il fçauoir que ces pleurs ny cefte
difficulté ne defefperent pas tant Or-
thalchus de la conquefte qu'elles la luy
firent fembler glorieufe & defirable,
& fe retire fur l'heure fans la preffer
autrement, pource qu'il auoit propofé
de la gaigner par doux moyens, a fin de
ne perdre le plaifir du confentement,
auquel il iugeoit bien confifter la plus
tédre des delices de l'amour, Or depuis
que la Princeffe ouït-ehry-ces nouuelles
practiques, elle fe met à tramer l'efchap
pee de toute fa puiffance, & de faict elle

B fu

ft

fuſt ſortie de ceſte maiſon à tous perils
ſi les tépeſtes d'vn rude hyuer n'euſſen
ſeruy de ciuil pretexte au Thrace
pour les arreſter.

Indulge hoſpitio cauſáſque inneſte morandi.
Dum pelago deſæuit hyems & aquoſus Oriõ,
Quaſſatæque rates, & non traſtabile cælum,

Que ſi elle euſt peu s'en d'eſcouurir à
Leontin, il euſt d'auenture trouué des
inuentions de ſalut, mais de crainte
que ſa fureur le precipitaſt à quelque
dangereux party, la pauurete ſouffroit
ſás ſe plaindre: ne pouuant apporter au
tre preuocation à ceſte menaſſante ruine que d'euiter à ſon poſſible la veüe de
l'amoureux, & s'efforcer d'auilir ſes
propres graces quand elle eſtoir contrainte de ſe laiſſer voit. Tout cela n'é-
peſchoit point le continuel aſſault des
requeſtes d'Othalcus, que nõ moins la
reſiſtence que la cõuerſation reſchauf-
foit de iour en iour: & ceſte batterie ne
failloit point à réforcer auſſi la cõſtan-
ce d'Alinda. Vrayment qui la vouloit
vaincre il ne failloit pas qu'il s'agiſt au
combat de l'intereſt de Leontin : car
non ſeulement en cõſideration du tort
qu'on luy vouloit faire, elle l'aymoit

mieux par pitié : mais d'auantage, plus
elle estoit tourmentee & plus elle s'ap-
paroit de certaine fiere complaisance à
souffrir pour l'amour de luy. Qui veut
mettre aux mains du vray amy des armes inuincibles, il ne faut qu'attaquer
ce qu'il aime. Le Thrace donc si espris
en fin qu'il en seichoit, se fantastique
qu'il failloit oster Leontin à ceste femme, comment que ce fust, & qu'apres
si c'estoit l'amour qui nourrit son opi-
niastre resistéce:il dópteroit (à son aduis) par la perte de l'obiect, si le poinct
d'honneur il le vainqueroit par le mariage. Là dessus il luy souuient de
s'estre apperceu que sa sœur estoit de-
uenuë amoureuse de Leontin : dont il
pensa que par le moyé d'elle, qui estoit
vne belle fille, il le pourroit insensible
mét soustraire à celle qui le blessoit. Só
intentió estoit de rendre Ahnda vaca-
te à ses nopces par celle de Leontin &
de sa sœur, à l'aide du libre traffic de ma
riages de ce téps là. Ces dessein bastis,
il tire à part sa sœur nommee Ortalde,
qui fut aise de ceste ouuerture, comme
celle qui par la conspiration de son

frere sentoit arriuee l'esperance chez
elle, où il n'y auoit auparauant que le
desir. Ainsi elle luy promet d'employer
ciel & terre pour le deliurer de ce ri-
ual, adioustant : Tu n'eusses sceu, mon
frere, choisir à ta sœur vn mary plus digne du bien que tu luy veux, & n'est
point aduenu sans quelque fatalle be-
nediction de nostre amitié fraternelle,
que ie ne puisse en cette poursuite seruir à moy, mesme, que ie ne serue esgal
lement à toy. Là Dessus Ortalde deplie
tout ce qu'elle auoit d'attraits, & se
met à chasser apres cette proye, enhar-
die de l'amour extreme & du voile
d'vn mariage. Mais est-il croyable qu'il
y eust effort de batterie suffisant pour
faire bresche en la loyauté du plus o-
bligé des hommes, & quand & quand
du mieux pourueu? Certes nous serons
bastans nous affranchir des maux,
alors que nous sçaurons arrester constamment auec les biens. La perseue-
rence en general est la perfection &
la consommation des vertus, & nul
ne peut iamais bien estre ce qu'il n'est
pas tousiours. C'est la vertu des vertus,

tus, car on peut bien auoir la iustice
sans la vaillance, la vaillance sans la iustice, ainsi des autres ; mais on ne pourroit pas s'attribuer la iustice ny la vaillance, qui ne les auroit constamment.
Vne vie douce de quelque autre vertu
que ce soit, voire de plusieurs ensemble,
peut encore auoir quelque vice ; non
pas vne vie douce de la constance : car
la caballe de la raison enseigne que
pour denoter vn agir parfaict, il suffit
de dire que c'est vn agir constant, parce
que le vice est incapable d'arrest. Celuy
qui aura vne vertu n'aura pas tousiours
l'autre, mais qui a celle-cy, les a toutes, d'autant qu'elle ne se trouue qu'en
la perfection du vouloir & du pouuoir.
Elle ne s'assied iamais que sur la masse
entiere des vertus, comme le pinacle de
l'edifice, & quiconque y pense arriuer,
ne doit laisser non plus d'entendemens
au dessus du sien, qu'elle laisse de vertus
au dessus d'elle. Partant les dames ont
grand tort d'accuser generalement les
hommes de feintise quand elles trou-
uent leurs promesses d'amour violées.
Il y en a voirement qui promettent,
com

comme pipeurs, fans auoir enuie de
garder leur foy mais il eſt encore plus
de ceux qui promettent comme ſots, à
faute, dis-ie, de ſentir combien la foibleſſe de leur eſprit eſt incapable de
ceſte grande vertu de la conſtance. Ils
eſtoyent vrayement amoureux bruſ-
lans, &flambans, lors qu'ils engageoyét
leur ame, & le ciel & la terre encore, à
l'execution de leur parole, mais il leur
failloit dire : Mes amis pour nous faire
croire que vous ſerez conſtans, il ne
ſert non plus de nous monſtrer que
vous eſtes paſſionnez à outrance, que
ſi vous nous faiſiez voir que vous auez
les bras forts, pour acquerir reputation
de bien courre, au rebours ceſte violence de l'amour eſt ennemie de la per-
ſeuerance? Mais faictes nous paroiſtre
que vous ayez la ſuffiſance d'Epami-
nondas & de Xenophon, & puis nous
croirons que vous ſerez capables de la
fermeté. Laiſſant ce diſcours, mon
pere, ie dis que, ny l'obligation, ny la
foy ny l'ardante amour d'Alinda, ny la
ruine ou ſa deſloyauté la precipitoit,
ne ſceurent empeſcher Leontin qu'il

n'aimaſt mieux choiſir pis , que ne la
point abandonner. Il retourne donc
incontinent pour Ortalde aux meſmes
chaleurs d'affection & de pourſuittes,
ou Alinda l'auoit veu n'agueres: neantmoins elle qui eſtoit fine , n'euſt eu
garde de ſe mettre en hazard d'arreſter cet amoureux à mi-chemin du giſte
(c'eſt à dire du mariage deſiré d'elle &
promis de luy) par vn octroy faict au-
parauāt. Auſſi cognoiſſoit elle com-
biē les promeſſes d'eſpouſer ont trompé de femmes , & ſi ſçauoit que mille & mille femmes qu'on auoit du
commencement leurrees de ces promeſſes là par deception , euſſent en fin
contraint leurs gés, par force d'amour,
à les tenir à bon eſciét, s'elles ne ſe fuſ-
ſent rendues huit iours trop toſt. Quoy
plus ? ceſte Thracienne euſt appris aux
dames , que ſi celuy qui faict le tranſſi
d'amour n'execute telles promeſſes dés
le premier iour qu'il le peut, c'eſt à dire
qu'il ne le veut pas (nonobſtant toutes les belles couleurs qu'il donne au
retardement, comme Leontin faiſoit
au ſien) & les euſt aduerties que ſi le

defir de ce qu'il cherche ne le fçait
contraindre à depefcher le mariage, la
facieté l'y forceroit auffi peu, lors qu'il
l'auroit emporté. Mais au refte, à mefure l'ancienne flamme s'affoibliffoit en
Leontin par l'augmentation de la nouuelle, le vifage & le traictement que la
Princeffe auoit accouftumé de le receuoir, fe refroidiffoyent auffi bien fort.
Il n'eft plus affidu pres d'elle, & de-
uient beaucoup moins tendre de fa có-
folation, & de remettre l'eftonnement
de fon ame, lors qu'elle plore aupres de
luy le danger qui la menaffoit, lequel
elle auoit efté contrainte, au long aller,
de luy defoouurir pour la neceffité trop
vrgéte. Et fi ne fembloit plus embraffer
cette caufe que par maniere d'acquit:
Le refus le rebutera, difoit-il, quelque
autre obiect le diuertira, ne vous fou-
ciez, ie le cognois. Mais iufques où
faut-il que ce refoidiffement paffaft
auant qu'vne pauure femme aueugle,
enforcelée d'amour, s'en apperceuft? S'il
luy faifoit vne fois, par cópaffion, quelque chetif refte de bonne mine, il l'ef-
leuoit en paradis, & fa maigre chere or-
dinai

dinaire, elle l'attribuoit au trouble que
la crainte de sa fortune luy mettoit en
l'esprit, ce luy sembloit ; Somme qu'elle n'eust pas senty l'alienation, si sa trop
grande fiance n'eust en fin rendu ces
amoureux nouueaux si nonchalans à
faindre, qu'ils ne se cachoyent desormais guere plus d'elle que des autres.
Les ames bonnes & bien composees
sont difficiles à mettre en defiance,
parce qu'elles estiment autruy comme elles se sentent estre. Elle commençoit donc à s'en regarder en pitié : quãd
vn iour qu'elle estoit bandee en ceste
cruelle apprehension, assise en vne
chaise contre vne cloison dont elle ap-
puyoit sa dolente teste, elle entendit
à l'entour d'elle vn murmur secret cóme de la voix de son Leontin. A ceste
cause elle iette subitement sa veuë par
tout : mais ne voyant là rien que la so-
litude, elle pensa que ce denoit estre en
la chambre voisine. Parquoy tournant
le sein où elle auoit les espaules, elle se
met à regarder par vne fente assez capable. Le faict estoit, Leontin auec Ortalde en estroit deuis, meslez de toutes
les

les approches qu'il luy pouuoit defro-
ber, fi bruflant & fi paffionné, qu'il ne
luy auoit iamais femblé fi malade pour
elle. Les interjets du mariage futur
courent parmy tout ce myftere. & il la
prie de l'auancer donc, puis qu'elle vouloit prolonger iufques-là fa trop longue rigueur. A ce coup Alinda cuida
choir comme eternie ; eftouffant vn
grád cry qui luy creuoit l'eftomac, d'ardeur d'exprimer fes douleurs. Mais fe
refermiffant fur fes iambes tant qu'elle
peut, elle gaigne affez de temps pour fe
r'affeoir. Si toft qu'elle fut remife en fon
fiege, & que fes efcrits commencerent
à fe deuelopper de la pefante glace du
tranffiffement ; la trahifon de Leontin
luy ayát dicté fon arreft mortel, elle di-
cte fon teftament en vn mot : Attends
feulémét encore dix heures, ô Leontin,
& ie rendray ta main libre à nouuelle
foy : mais certes c'eft vn mal-heur q̃ tu
n'as pluftoft defiré tes nopces pour vñe
citoyenne de Thrace, en attendant ton
veufuage de l'heretiere de Perfe, qu'en
l'aduançant. Elle ne dict que fes mots,
puis après s'eftre là renuë enuiron de-
mie

mie heure les bras croyſez, & les triſtes
yeux picquez en haut, elle compoſe ſon
viſage, & commande à la Perſienne
quelle appella, de la mettre au lict, &
qu'elle ne laiſſaſt parler perſonne à elle,
ſinon le Seigneur de la maiſon quand
il la viendroit viſiter, ſelon ſa couſtume.
Que ſi Leontin meſme la venoit voir,
elle le priaſt de ſa part de la laiſſer re-
poſer, & de ne retourner point à coucher la nuict, pour quelque indiſpoſition ſienne dont elle ne le vouloit pas
incōmoder, & que le matin il la verroit
guerie. Tout cela ſe faiſoit à deſſein, car
elle cognoiſſoit qu'eſtant ſi fort enyuré
de l'amour de cet homme, la moindre
chetiue excuſe qu'il voudroit alleguer,
ſeroit capable de luy faire reprendre
plaiſir à viure pour le poſſeder encore : ce qu'elle ne vouloit en façon
quelconque, ſçachant bien que le ſeul
moyen qu'elle euſt plus de s'aſſeurer de
luy, c'eſtoit de la mort. Ortalde, ce pendant, qui ſe ſentit aſſeuré de Leontin le
va raporter à ſon frere, lequel ne l'euſt
pas ſi toſt entendu, que tout bouil-
lant d'enuie de pratiquer le fruict de
ſi bon

ſi bonnes noüuelles, il môte à la chambre de la Princeſſe, ou il s'aſſied en
chaiſe pres du lict, & ſe met fort tendrement en peine de ſon indiſpoſition,
Il ſe tint là quelque peu ſans parler eſ-
perdu ſur la contemplation de ſon viſage, puis il luy depeſche en dix mots.
(comme ces nations ſçauoyent peu
parler) la deliberation du mariage de
ſa ſœur, le conſentement de Leontin,
& les chaudes requeſtes du ſien, ſuyuie
d'vne promeſſe du meilleur traictement que femme euſt onçques receu.
La miſerable dame, eſcoutant ceſte ha-
rangue, n'euſt iamais peu reprimer
deux bondes de larmes, ſi l'aprehen-
ſion de la proche mort ne l'y euſt ai-
dœ, luy figeant deſia les ſens & les fun-
ctions à demy. Mais les pleurs contenuz
par ce moyen, elle rappelle ſur le bord
de la lágue, en vn profond ſouſpir, tout
ce qui luy reſtoit plus de vie eſgaree.
Tant que la fortune a permis i'ay eſté
femme de Leontin, & tant que i'ay eſté
ſa femme, i'ay eſté ſa loyalle femme dict
elle : loyauté qui outre ce qu'elle a mis
ordre à me reſeruer integre pour Otal-
chus

chus, me preste ceste autre vtilité,
qu'elle luy seruira de quelque gaige de
ma future foy vers luy. Ie me rends
Seigneur, des armees par les Dieux,
car puis qu'ils ont faict, par le diuorce
de Leontin, que ie puisse, sans coulpe te
contenter, ie cognois bien qu'ils m'en-
ioignent de recompenser tes sinceres
affections. Et ie me rends encore à ceste
humanité, dont tu as choié ma foiblesse que tu pourrois forcer, quãd ie com-
batois ton desir de sa seuere obserua-
tion de ma discipline, laquelle certes
i'ay prinse en bon & grand lieu, quelque descheuë que tu me voye : Mais
auant que passer outre, fay moy ie te
supplie vn bien Ortalchus, si comblé
de liesse à ce coup là, que peu s'en failloit qu'il ne sortist de soy-mesme, la
prie de commander tout ce qu'il luy
plairoit, & elle suit ainsi : Ceste vieille
(en nommant vn de la maison) s'est in-
geree de parler si honteusement de la
priuauté que nous auons ensemble,
que tant que tu m'aye donné sa vie i'en
sortiray, tousiours, en creuë-cœur, &
plaindray mon honneur blessé, qui s'en
va.

va tien auec moy. Pourquoy ie te requiers que tu la fasse tuer comme elle
dormira sur la minuit en sa chambre: &
choisissant ceste heure pour euiter la
rumeur. Le Thrace octroya gayement
ce poinct, & luy faict grande instance
de permettre qu'il l'espousast sur le
champ: ou que si par deffiace de sa promesse elle luy vouloit reseruer ceste fa-
ueurapres l'execution, elle permist qu'il
fist tuer la vieille à l'instāt. Non pas cela, suyuit elle, ie ne me fierois que trop
à ta parole, mais donne moy le reste de
ce iour, & la nuict, ie te supplie, à remettre vn peu l'indisposition qui me tient
icy. Ioint que ie confesse à la benignité
qui est en toy, qu'ayant eu ceste estroit-
te alliance auec Leontin, & l'ayant
tant aimé, ie sens bien qu'il me faut
quelque peu d'interualle ame despouiller de ses amours comme de son mariage. Car veu l'obligation que ie t'ay, seigneur, ie ferois grand' conscience d'approcher de tes nopces l'ame encore em
pestree, & comme adultere en vn autre
lict. Cela faict aussi, ie ne te desnieray
plus rien de tes droits, & ne plaindras

pas

pas quattre ou cinq heures d'attente,
puis que par leur moyen ie te dois rendre au lieu de cefte femme fieureufe &
ftupide, Alinda faine & allaigre au confentement de ton plaifir. Ainfi, dy-ie,
elle fe demefle de l'importunité pref-
fante où la victoire & la cómodité ve-
noyét d'abandóner Othalcus : & quád
elle l'eut encore fouffert quelque heure, affis fur la riue de fa couche, elle le
prie finalement de la laiffer repofer, ce
qu'elle obtient à grand peine. Lors fe
voyant feule & la nuict approcher, elle
demande des tablettes à la dame Per-
fienne: puis cóme elle fe fut tenuë quelque temps immobile à les regarder, elle
efcriuit ces paroles: Ie donnay mes premieres faueurs à tes nopces, ie leur dóne encore, ó Leontin, mes derniers fou-
fpirs, la fin de ma vie auffi approche &
d'elles, & encore de mó berceau, qu'elles & moy loin de toute bóne fortune.
Ie m'en retourne de ce monde enfant,
de ce monde, di-ie, où ie ne deuois
point entrer fi parauant que de naiftre
ie n'auois merité le fupplice. Si mes
yeux n'auoyent veu, mes aureilles ne
croi

croiroyent pas ce qu'elles ont entendu ceste apref-dinee,& mes yeux defauoüroyent ce qu'ils ont contemplé ſi mes aureilles n'auoyent ouy.Ma ſimple ieuneſſe eſtoit bien aiſee à tromper Leontin,& ma foibleſſe bien facile à fouler aux pieds, mais ſi elles ne meritoyent iuſtice, au moins meritoyent-elles cópaſſió. Las ie ne me plains point qu'on ne me face mourir apres auoir tant offencé mon bon pere,ie me plains ſeulement qu'ayant ruiné tant de gens (ah Perſes deſolez qui vous releuera de ma fuite), ie n'aye neantmoius ſceu trouuer vn meurtrier, que celuy pour l'auantage duquel ie les ay ruinez. Certes ſi tu ſçauois bien vn art de changer l'amour tu en ſçaurois bien vn de luy neſiſter auſſi, mais que ne m'apprenoistu ceſte recepte par pitié,lors qu'inuoquois le treſpás pour m'aider à me defendre de ſon effort , puis que tu cognoiſſois que celle qui donne ſon lict oblige l'amant à luy rendre la mort en recópenſe. Ie m'enuois auãt que ta nouuelle eſpouſe m'y cótraigne,Ie m'enfuis auant que Leontin ait la peine de prier

Orttal

Ortalde qu'elle pardonne à la miserable Alinda, d'auoir autrefois changé l'Empire de Perse à vne nascelle, & le regne à la seruitude, pour se dire sa femme. Au surplus ie ne te lairray point de race qui t'importune desormais de mon souuenir, ne te representant mon image, & les dieux soient loüez dequoy le germe qui commençoit à s'animer en mon ventre obtient ceste faueur de leur bonté qu'il perisse auant que de naistre, de peur qu'il n'ait le creuecœur d'ouyr conter vn iour le lamentable destin de sa mere. Adieu te dys-ie, Leontin, ie n'en puis plus, il semble que la force de la douleur vueille anticiper en moy le coup de glaiue que ie voüe à la guerison de mes maux: si ne me trompay-ie pas que ma vie eschappe qu'auec le sang: car il faut quel le honore ce nouuelle Hymne d'vn sacrifice plainement solennel. Que s'il te reste iusques icy quelque memoire que i'aye esté tienne, fay ietter vn petit de terre sur mon corps apres qu'il aura rendu l'ame: tel appareil funebre suffira pour vne paulre exilee. Alinda ne suis-

C   ie

ie plus, i'ay laissé mon nom où ie laissay
mon diasdeme. Er toy nouuelle mariee
ne refuse pas qu'on fasse ce peu de
bien à celle qui n'aura pas refusé d'entrer adolescente en vn tombeau pour
te ceder vn lict nuptial. Aumoins auray
ie dequoy consoler ma dolente mere,
quand le regret de mon desastre l'aura chassee en les morts auec moy,
c'est que ie n'auray pas perdu tout en
mes nopces puis que i'en raporteray le
sepulcre. Ceste lettre bien close, & les
larmes qu'elle auoit esmües vn peu ra-
paisees, elle la donne à la dame de Perse:
luy commandant que le lendemain
matin, auant que l'esueiller, elle l'al-
last porter à Leotin, pource que c'estoit
vn aduis auquel il falloit qu'il pensast
à son leuer, & non plustost Quoy faict
elle se reiette miserablement sur son
oreiller, & sur ses douleureuses pesees,
pour la derniere fois.

Nulla vere patuit crudelis, flectere mentis,
Concilium? tibi nulla fuit clementia, prædo.
Immite vt nostri vellet miserescere pectus?
At non hæc quondam blanda promissa dedisti
Voce n. i'bi, non hoc miseram spectare iubebas!

Tum

Tum iam nulla viro iuranti fœmina credat:
Nulla viri speret sermones esse fideles:
Qui dum aliquid cupiens animus prægeslit
apisci.
Nil metuunt iurare, nil promittere parcunt:
Sed simul ac cupidæ mentis satiata libido est,
Dicta nihil metuere, nihil periuria curant.

Ces vers de la chetiue Ariadné de-
uroient estre escrits par tout dans les
heures des dames, & quicóque soit celuy qui premier leur deffendit la science cóme allumette de la sciueté, ie croy
que c'est pource qu'il cognoissoit si peu
les lettres qu'il craignoit qu'elles l'en
missent au roüet le second iour de
leur estude. Mon pere le vulgaire dit
qu'vne féme pour estre chaste ne doit
pas estre si fine : vrayement c'est faire
trop peu d'honneur a la chasteté que
de croire qu'elle ne puisse estre trouuee
belle que des aueugles. Au contraire il
la faut subtiliser tant qu'on peut, afin
que si chacun est assez meschant pour
la vouloir tromper, personne ne soit assez fin pour le pouuoir.

Cui male si palperis recalcitrat vndique
tuta.

La plus part des fautes que les femmes commettét aujourd'huy contre la pudeur, ce n'est pas paillardise c'est sottise : & croy moings facilement ce qu'on me côte, des plus, que des moins sublimes. Que si quelque femme se rendoit a Xenophon, où les graces corporelles & spirituelles se rencontroient ensemble auec la loyauté, cela s'appelleroit estre mal chaste. Mais de se commettre aux hommes de ce siecle icy, lesquels n'approchent point des admantages de cestuy-la (pour beaux & grands qu'il soient) & si monstrent à clair qu'ils n'ont pas tant de plaisir à posseder les femmes qu'à les trahir, cela s'appelle estre mal habile : & trouue que celle qui faict ce tour a plus de besoin d'Helebore que de penitéce. A l'adventure a-on eu peur que si les dames estudioyent l'antique philosophie ne leur fist croire, auec elle, que la continence n'est pas commandee de la raison, ains de la loy ciuile : mais quand elle leur auroit persuadé ce poinct, elle n'absoult pas l'impudicité pourtât, car elle presche expressement la legalité

lité par tout aussi bien que la raison:
distinguer vne vertu ce n'est pas la mes-
priser. Au contraire faisant principalle
profession de maintenir l'ame chez elle, quand elle a cognu que la volupté l'emportoit dehors elle l'a deffen-
due, sinon a la preud'-hommie, à tout
le moins aux hommes Ne veoit on pas
ce traict parmy ses leçons, qu'elle ayme
mieux estre enferree de la douleur que
de la volupté? Les dames au demeurant
trouueront dans les liures que qui
mieux congnoist les hommes plus s'en
deffie, & que le plus fiable des promet-
teurs de constance est celuy qui ne
sçauroit tenir promesse, par l'instabi-
lité de la nature humaine. Elles en rap-
porteront le mespris de mille & mille
amans que les femmes l'ignorantes ad-
mireroiét, & tel qui seroit delices pour
celles-la, leur seroit penitence a elles.
Que si leur malheur veult qu'elles en
rencontrent quelqu'vn qui les puisse
blesser la vigueur & la grauité quelles
auront changee au commerce de ces
admirables esprits anciens, empeschera
lors encore que ceste passion ne les ti-
ranise

tirannifes fi fort qu'elle tiranniferoit
vn autre. Et puis quand elles defdai-
gneroyent la continence, adonc mefme
la prudence les garderoit de donner à
celuy dont elles auroient l'affection
chere, ce qu'elles fçauent qu'il leur demande ou pour ne les aymer plus ou a
tout le moins pour prendre congë
quand il luy plaira: & fi les deffendroit
d'abondant de fe ietter au peftilent de-
faftre de dépendre d'autruy. Là verrót-
elles tant d'exemples de femmes tra-
hies, finalement elles y apprendront
que celles qui ont meilleur marché
d'aimer y perdent encore leur liberté.
Ioint qu'vne femme qui auroit peu fe
munir à bon efcient de fuffifance & de
mœurs, ne fçauroit rencontrer homme
pour grand qu'il fuft, qu'elle iuge trop
bon a luy demander le mariage. Et tandis qu'vne femme de commune forme ne reietteroit vn pourfuiuant d'a-
mour blus grád qu'elle, que comme en
nemy de fa pudicité, celle-cy le repouf-
fera comme vn ennemy de fa chafteté,
& fi le hayra comme mefprifeur &
denigreur des loüables qualitez qui
font

sont en elle, quand il pese qu'vne autre,
à laquelle il garde ses nopces, les merite mieux pour tiltres, qu'elle pour sa
valleur. Ce n'est pas pourtant a dire
qu'elle voulust a l'aduenture accepter
ces nopces-là quand elles luy seroient
offertes, car les graces que Dieu luy
depart sont de tel pris que l'aduantage
ne consiste pas a faire reflection de ce
qui est plus hault, ains de ce qu'il luy ressemble le plus. Quiconque a la sagesse
il a des parcelles de la seule precellen-
ce que Dieu se soit reserué pardessus
les hommes : & Dieu mostre assez
combien il la prefere a la grandeur & a
l'empire, puis qu'il a iugé les hommes
dignes de l'empire & de la grandeur, &
la sagesse digne de luy. Partant celle-cy
qui ne peult estre a la verité, le choix
que du plus habile, ny le partage que
du plus heureux, ne cognoist homme
au mode auquel elle ne pensast faire au
tant d'honneur de luy donner son en-
tendement & sa vertu pour espouser,
qu'il luy en rédroit luy donnast sa richef-
se & sa hautesse. Sa fortune luy donner ce qu'a le requerant, ila fortune

du requerant, ne peult donner à luy ce
qu'elle a. Que si on le voit de plus
loing qu'elle aussi faict on vne maison
quand elle brusle. Le bon est que chasque
que amant cuide auoir aussi l'entende-
ment & la vertu : mais quand on aura
rencontré celuy qui se puisse a bon
droict vanter d'auoir ces deux perfe-
ctions, & la grandeur par dessus, en faueur de laquelle il ait raison d'estimer
la dame indigne de son pair, comme la
passant d'vn poinct, elle l'aduisera lors
qu'il se fait tort de ne poursuiure qu'vn
lict, & qu'il doibt demander vn autel.
Or apres tout le monde dit, qu'vne
telle femme faict mal, puis qu'elle ne
faict pas comme les autres, ny a choisir
son exercice, ny a disposer ses actions;
laissez le parler, le pis que ie voye en cecy, qu'est que nous ayons à viure en vn
siecle, ou il faut quicter le chemin frayé qui veult suiure le droict chemin.
Les grands esprits ont tousiours des
extrauangances hors l'vsage, d'autant
qu'ils se sont persuadez que ce qui est
extrauagance à la coustume de la redu-
ction à la raison. Et ne faut pas s'estonner

ner, si les belles &fortes ames sepeuuér
si mal assujettir aux regles des entende
mens communs, non plus que de ce
qu'on ne sçauroit manier vn genet
auec la bride d'vn asne. C'est gloire de
faire reprouuer sa maniere de viure en
vn temps de mauuais exemple. L'approbation est pour les ambitieux, le
debuoir pour les gens d'honneur, faire ce qu'on loüe est la probité de ceux
qui ne peuuét faire ce qu'il faut.Qui se
retient de faire vn bien de peur qu'on
l'en blasme,feroit vn mal,mal si on l'en
loüoit. Le peuple est plaisant de n'a-
uoir poinct autre touche du bien faire
que la conformité sur l'exemple.Si est-
ce que l'aduantage mesme ne peut
auoir lieu qu'en difference, & Dieu
n'est Dieu que par ou il differe de nous.
Pource que nous n'auons sceu donner
iusques à la vraye vertu,nous en auons
establie vne imaginaire : & sentans que
le faire bien n'estoit pas ce que nous
pouuions, nous auons ordonné que
faire ce que nous pouuions seroit bien
faire. Cependant si l'escriture saincte
dict vray, que de mille il n'y en a pas

C 5   v

vn bon , les louanges de la multitude
ne font guere à defirer , d'autant que
chacun ne louë que fon femblable, ne
pouuant louër le diffemblable fans
l'accufer luy mefme . Iamais Phocion
n'eut peur d'auoir failly , finon le premier iour qu'il fe vit applaudir par
la commune. Le vulgaire n'a garde
de loüer les vies qui ont quelque ex-
traordinaire excellence, car la nature
qui luy defnia la faculté de les pratti-
quer luy defnie auffi la fuffifance de les
goufter : & ce qui eft loing de fon imitation eft loing de fa comprehenfion:
vos celeftes Effays en fon tefmoings, de
qui Pindare femble auoir efcrit ces vers
à plufieurs mille annee auant eux par
prophetie poëtique.

πολλά μοι ὑπ᾽ ἀγκῶ
νος ἀκέα βέλη
ἔνδον ἐντὶ φαρέτρας
φωᾶν τα σύνετοῖσιν, ἐς
δὲ τὸ τιᾶν ἑρμηνέον
χατίζει.

Toutefois, dira-on, c'eft vne fcabreufe
entreprinfe que d'afpirer à fe rédre plus
fage que fes compagnons , Socrates en
mourut

mourut, mais les femmes en particulier y ont double malheur, car on ne pin
ce que les actions sages aux hommes,
a elles on pince le nom mesme de la sagesse, & quand il n'y auroit que ce ti-
tre seul d'vne habille femme on en
dira du mal. Y a-il personne si meschãt
d'oser penser contre le tesmoignage de
toute l'eglise qu'il y eust iamais nul
subiect que cestuy-la qui fit medire des
sainctes Paulle & Menalia ces grandes Dames Romaines. Sans parler d'vn
million d'autres dont les liures & la
memoire sons plains. Nous pourrions croire qu'on leur eust imposé d'a-
buser de leur chasteté, si sainct Ierosme
ne le racontoit pour nous faire pitié de
leur malheur, & croirions bien encore moins qu'on les accusat d'en mal
vser auec sainct Ierosme, si luy mesme
en le publiant n'oublioit sa patience
& sa penitence, humilité pour exercer
contre le venim des langues. Les femes
mesmement seroit les premieres à
mesdire de celle-cy, elle par enuie, telle parce que si elles auroiet des qualitez
dont elles peussent autant obliger vn

seruiteurs elles ne voudroient pas laisser perdre l'occasió d'en faire leur proffict. Et en fin de compte faictes leur renaistre la sage Theano, quand elles considereront sa grace, son entretien, l'attrempance de ces huineurs, & le goust qu'elle sçauroit donner à l'amour s'il luy plaisoit, elles sentiront bien que si elles estoient autant desirees que tels aduantages la doibuent faire desirer, elles n'auroient pas assez de force pour resister aux recherches, & la dessus diront mal de leur compaigne, d'autant qu'elles ne sçauroient bien faire. Quiconque aussi sera fort ennemy des vices ne croira pas legerement qu'vn autre si laisse aller : & celuy qui croit volontiers d'autruy le mal qu'il en oyt dire, c'est signe qu'il fault qu'autruy croye de luy le mal qui s'en diroit. Voyla, dy-ie, ce qu'on allegue aux dames pour aduertissement. Mais pourquoy les grandes femmes & les grands hommes ne supporteront ils la detraction de ces esprits, qui se sont persuadez ne pouuoir dire sotise ny meschanceté qui ne soit digne d'eux, puis que Iesus Christ me sme

mesme, ne fut mis en croix que pour
les calomnies? Or vous defendez, mon
pere, en vos Essais (cela s'appelle le
tresheureux present que Dieu depart à
nostre siecle d'vne profonde espargne,
& reserue qu'il faisoit depuis quatorze
cens ans de toute la sagesse humaine)
Plutarque & Seneque de quelques reproches qu'on leur faisoit: ie veux aussi defendre & consoler en vostre proumenoir Paule & Menalia. Vous suffise
donc, pauures dames Romaines, que
si Socrates eust esté femme on n'en
eust pas bié parlé nó plus que de vous.
Imaginez vn peu pour veoir au roolle
feminin la vigueur de son ame, sa franchise à gourmer les communes opi-
nions ou elles blessent la verité, sa ron-
deur à deuiser naturellement de toutes choses, & a les veoir & considerer de mesme, sa liberté d'aller & ve-
nir par tout ou le besoing de quelqu'vn
ou bien son deuoir le conie, vous trou-
uerez à la fin que les actions qui le rendent Socrates, seront tout iustement,
celles qui le rendront la plus scan-
dalisée femme d'Athenes. Voire apres

urst   que

que vous aurez adiousté à ceste perfect
ion de vertu qui est en luy , la chasteté
de saincte Marguerite. Car estre femme
pudique, selon le monde, ce n'est pas
garder la pudicité , c'est despouïller
l'ingenuité, renoncer à la franchise des
paroltes, des mœurs , & encores du iugement, obseruer pour estroicte religion autant de milliaces de ceremonies
que la fantasie humaine en peut inuen-
ter, & n'auoir point autre regle de bié
viure que l'opinion populaire (iaçoit
qu'elle commande des vices & deffen-
de les vertus) ny autre beatitude que
son approbation. Or en vne telle ame
que la sienne on y peult bien aisement
imaginer la continence , mais non pas
l'vsage de telles loix. Dauantage con-
solez vous que si S. Paul eust esté de
vostre sexe il n'eust iamais peu si main
tenir dame de reputation en establis-
sant l'Eglise Chrestienne, & en ouurãt
au genre humain les portes de Paradis. Car il luy eust fallu proceder en son
dessain par peregrinations , conuersa-
tions , & assistances qui de vray sont
bien dignes de sainct Paul, & d'vn in-
stru

strument du salut des hommes , mais
non pas d'vne femme de bien. Au surplus, pourueu qu'vn blasme soit faux,
celuy qui le vomit vange les accusez a
mesure qu'ils les offence: parce que s'il
controuue, il se descouure vn meschât
homme, s'il suit l'ouyr dire, il se decla-
re vn fat: à cause qu'il n'y a point d'autre difference d'vn fat a vn habille hôme
sinon que l'vn parle de ce qu'il entend,
l'autre de ce qu'il n'entéd pas. Et l'ouyr
dire est proprement ce qu'on n'entend
pas, car qu'elle ineptie est-ce de cuider
sçauoir vne chose, pource que des gés
qui peuuent mentir, ou s'abuser autant
qu'il leur plaira, l'auront ditte. L'aureil-
le est la couppelle par ou l'on espreuue
le sot & le suffisant. Chacun voit celuy
qui dit, cependant Democritus , Pyr-
rho, Socrates nient d'auoir iamais veu
celuy qui sçait, & le grand Montaigne
porte en sa deuise, *Que sçai-ie?* De deux
choses l'vne, où tu es bien ridiculemét
beste , toy reuendeur de nouuelles , de
croire au dire, veu qu'il t'a menti dix
mille fois : ou si tu soustiens qu'il ne
soit point menteur, certes tu nous ad-
uouë

uouë que ta vie & tes actions se portent bien piteusement:car on dit de toy
ce que tu dis d'vn autre;& si tu pensois
que pour charger ta conscience de la
calomnie tu peusse en descharger ton
honneur, tu serois trop abusé Mais au
demeurãt,outre que le calomniateur se
charge du reproche d'estre sot ou meschant,ô Dames Romaines,s'il n'outrage les plus grands,& les plus forts, il
s'accuse d'abondant d'estre coüard.Car
si quelque autre s'absti ét deblesser auec
la langue vn grand , ou quelque mauuais garçon , & qui a l'espee bien tren-
chante , on ne peut dire que c'est par
crainte d'autant qu'il garde le mesme respect à ceux qu'il pourroit offen-
cer impuniement,on dit que c'est par
attrempence,& par raison qui le gou-
uernent.Là où si le mesdisant espargne
en vn tel homme, il faut necessaire-
ment que ce soit parce qu'il le craint &
le redoute:veu qu'on sçait bien qu'il se
chatoüille tant à mesdire,qu'il a mõstré
vers les foibles , que ny l'attrempence,
ny la raison,ny la consciéce ne l'en pou-
uoiét destourner.Combien doit-il lors
enrager

enrager de ce qu'il n'ose galler ceste
gratelle qui luy demange sur le bort de
la langue, par la peur d'auoir sur les
doigts? & encore trespregnante peur
puis qu'elle a plus de puissance de le reprimer icy, que ny le debuoir, ny l'inte-
rest de ne pas faire le sot, n'en a eu ailleurs. Mais ie me trompe de dire que
c'est la crainte qui le modere à ce coup
c'est plustost la conscience, pource qu'il
sçait q̃ le grãd Dieu: *Deposuit potentes &*
exaltauit humiles, il craint qu'on ne pensast qu'il voudroit faire du compagnon
auec luy, s'il ne flattoit les puissans, au
rebours, & deprimoit les humbles: &
puis ayant ouy prescher que les meur-
tres sont deffendus, il aime mieux passer son temps à pelotter des contes,
qu'à combattre Hercules, Helene auoit
subuerty l'Asie par son importun mariage, y auoit-il rien plus excusable que
de la detester & lapider? neantmoins
nous voyons que lors qu'elle pleure
Hector à son trespas elle dist, entre autres louanges, qu'il estoit la seule personne de Troye de qui iamais elle n'a-
uoit ouy nulle facheuse parole, ouy bié

des

consolations comme celles d'autruy.

Ἀλλ' ὃ ποσεῦ ἄκουσα κακὸν ἔπος ὑδ' ἀσύφηλον.

Ἀλλ' εἴτις μὲ κ̀ ἄλλος ἐνὶ μεγάροισιν ἐνίπτοι.

Δαέρων, ἢ γαλόων, ἢ εἰνατέρων ἐϋπέπλων.

Ἢ ἑκυρὴ (ἑκυρὸς δὲ πατὴρ ὣς ἤπιος αἰεί)

Ἀλλὰ σὺ τόνγ' ἐπέεσσι παραιφάμενος κατέρυ-
κες.

Σῇ τ' ἀγανοφροσύνῃ κ̀ σοῖς ἀγανοῖς ἐπ' ἔεσι.

Τῶ σέ θ' ἅμα κλαίω κ̀ ἐμ' ἄμμορον, ἀχνυμένη
κῆρ.

Οὐ γάρ τις μοι ἔτ' ἄλλος ἐνὶ Τροίη εὐρείη

Ἤπιος, ὑδὲ φίλος, πάντες δέ με πεφρίκασιν.

On void par là combien Homere & l'antiquité croyoit que ceste petulence de langue, & l'interesser ceux qui ne se peuuent deffendre, fussent des complexions esloignees d'vn soldat de grande executió. L'ancienne deuise des Herodes estoit.

Parcere deuictis, & debellare superbos.

Il faut adiouster icy que quiconque outrage vn plus foible que luy, donne iuste priuilege à vn plus fort qu'il n'est de l'outrager. Au reste tirez d'entre les mesdisans (ie n'appelle pas mesdisant celuy qui dit, quand besoin est, la verité bien cognuë) ceux qui mesdisent

pour

pour couurir leur opprobre, la calomnie demeurera sans suppost. La raison de cela, c'est qu'il leur semble qu'à
force de proposer plusieurs delin-
quans, ils se cacheront en la presse, &
que pour se faire estimer exempts d'vn
vice, du reproche de qui leur conscien
ce les met en alarme perpetuelle, il n'est
point de meilleure recepte que de dire
bien ou mal de luy : comme n'estant
pas à croire qu'ils le voulussent des-
crier s'ils en estoiét blessez. Voila pour
quoy les femmes lubriques, où les ba-
stards, ne cessent iamais de caquetter
sur l'honneur des dames. Le voleur
nous voudroit faire deffier des mains
de chacun, & celuy dont la sotte impru
dence aura ruiné les affaires de la paix
ou de la guerre, se mocquera tousiours
de la police, & de la malice de ses
compagnons. Aussi les fines gens en-
trent-ils volontiers en soupçon sur le
fait de ces grads drapeurs : & disent que
la lepre de l'ame se descouure par la lan
gue aussi bien que celle du corps. Vray
est qu'outre l'espoir de pallier leur infamie sous le metier de drapper, cóme
ils parlent

ils parlent,ils l'ont apris pour vn artifice de se faire estimer & valoir parmy le
monde. Mais a quoy tient il, s'ils sont
tant affamez de se mettre en reputation & en credit , qu'ils ne suiuent les
traces par ou Cesar & Xenophon sont
montez au ciel de la gloire:ou bien s'ils
les mesprisent comme des niais, & iu-
gent que les gestes de ceux là ayent esté
trop chetifs pour fonder leurs loüan-
ges sur telle imitation,que ne prennét
ils au pis aller,le roolle qu'ils ioüoyent,
pour l'vtilité de s'affranchir du rebut
d'vn Prince , & de la faute d'argent qui
leur font si souuent des affronts? Certes la moindre harágere les eust battus
en l'escrime de babiller d'autruy,car ils
se contentoyent ainsi que lourds pay-
sans d'employer seulement leur langue
à s'establir vn regne perpetuel sur l'o-
beissance des hommes , à faire de leur
voix sceptre, à faire prendre à leur parole le destin des Rois & des nations,
quand ils haranguoyent leur peuple
contre eux, ou pour eux , & à donner
courage à dix mille soldats d'en vaincre
cent mille en bataille.Et Cesar qui mesme

fme en faifant miracle, ne fceut dompter les Gaules qu'en huict ans anecque
l'efpee, dompta bien par fon elo-
quence tout le grand Empire Romain
en ce feul iour qu'il s'en fit decerner la
commiffion. Au demeurant, Paule &
Ménalie, triez le plus galant & plus
parfait perfonnage de tous ces faifeurs
de comptes, & luy mettez en main le
moindre des exploits de Themiftocles
& de Scipion, il peut vrayement bien
aller chercher executeur ailleurs, & ne
faut pas auffi s'en esbahir, puis qu'ils
n'ont iamais dit qu'il fuft plus habile
homme pour fauuer fa patrie, & pour
triompher des enhemis, ny plus mal-
habille pour ne rien faire & pour tout
gafter, mais ouy bien pour ne bauaffer
pas. Apres tout ne les reputez point fi
brutaux qu'ils ne fentent trop l'aduantage que les exercices de Cefar & de
Xenophon emportent fur les leurs
mais ils reffemblent le Singe, qui ne
pouuant efperer d'eftre admiré par fa
beauté s'efforce de l'eftre par fa gri-
mace : & les amoureux de Penelo-
pé, qui fe contenterent des cham-
briere

brieres quand ils virent que la maiſtreſſe n'eſtoit pas de leur priſe. Ils ne font
pas ce qu'ils preferent, mais ce qu'ils
peuuent. Et certes quiconque a le
courage d'attenter à ſe faire valoir par
vne choſe de peu de poix (& qu'eſt-il
rié plus leger & plus vain que le babil)
monſtre aſſez qu'il n'a rien de grand
prix ne de quoy ſe vâter :& qui ſe pare
&s'ajoliue de cuiure, fait trop paroiſtre
qu'il n'a point d'or. Quel eſt l'homme
telle eſt ſon occupation :& vous iugez
de la foibleſſe où de la beauté de eſprits ſelon les choſes où ils s'amuſent;
car chacun d'eux, par inſtinct naturel,
choiſit en cela ſelõ la meſure de ſa ſuffi
ſance, & de ſes facultez, & ne ſçauriez
faire qu'vn Dieu prenne plaiſir à ſe re-
paiſtre d'orge, ny vn pourceau de ne-
ctar. Or, quoy que s'en ſoit, les gẽs de
bien ont eſté ſi generalement calõniez
en tous ſiecles, cóme il appert par leurs
liures, que ſouffrir la calomnie eſt
deſormais vne marque de gens de bien.
Toutesfois ils ſe ſont touſiours con-
ſolez ſur ceſte hauteſſe de cœur qu'ap-
porte l'integrité de la conſcience,
& ſur

& fur ce qu'ils ne voudroient , pour
mourir, reſſembler à ceux de qui la langue les outrage. Ils ayment trop mieux
receuoir la detraction de telles ames,
que leurs perſuaſions, ou leurs exemples. Au ſurplus la verité regaigne par
le temps ſon luſtre à quelque prix que
ce ſoit.

ἡμέραι δ' ἐπίλοιποι
μάρτυρες ſοφώτατοι.

Et les reproches qu'on a vomis ſur
Caton, Seneque, Platon & Socrates, ne
feruent à ceſte heure qu'à faire meſe-
ſtimer ceux dont ils ſont procedez,
mó pere, qui me pourroit pardonner la
longueur de mon caquet en ceſte
digreſſion, ſinon vous qui me repre-
nez que ie ſuis d'ordinaire trop taciturn
ne en recompenſe. Tandis Oralcus
(afin d'acheuer noſtre tragedie) en-
uoyant voir dix foix comme Alinda ſe
portoit de ſon mal, ſe met à faire refó-
dre la maiſon en nouuelle pompe, pour
tróper l'impatience de ce iour qui luy
duroit mille ans. Tout reluit cóme au
palais de Iupiter,

—— *fulgentii ſplendent auro atque argento,*
                                    Candet

Cantetebur solijs, collucent pocula mensis.
Tota domus gaudet.

Il auoit donné charge à deux de ses
gens d'aller tuer la vieille pretenduë en
son lict, & leurs dagues estoyent esgui-
sees pour cet office. La nuict donc e-
stant ia profonde, tout le monde au repos, & Leontin renuoyé, non à fort
grand peine de la funebre chambre,
Alinda fremissant toute d'horreur se
leue du lict : elle vouloit aller a la porte, mais elle fit presque trois fois le
tour de la chābre auant que de la trouuer. De ce pas ————————

——— *malísque trementes*
Interfusa genas, & pallida morte futura,
elle tire en celle de la vieille, ou l'ayant
tout bellement esueillee, elle luy faict
entendre que pour ce qu'on disoit que
elle auoit mal parlé d'Ortalde & de
Leontin, son maistre auoit donné char
ge que dans vne heure on la vint tuer
en dormant, dont elle l'estoit vénuë
aduertir par compassion afin de la faire
cacher quelque part, tant qu'elle se eust
remise en grace, à quoy bien tost elle
esperoit arriuer. A ces nouuelles la
                                    pauure

pauure vieille s'enfuit toute tranſie de
frayeur, & Alinda demeure ſeule

——*oſtentat omnia lethum.*

ſe met en plaçe, ou leuant les yeux, &
croiſant ſes bras ſur le ſein:

Incubuitꝗ toro dixitꝗ nouiſſima verba.

C'eſt moy, dit-elle, ô Dieux que vous
auiez faict naiſtre de condition ſi haute
& ſi heureuſe, qui vous rends maintenant icy ma vie au milieu de l'exil, la
deſertion, la ſeruitude & le maſſacre; ne
la plaignant, toutesfois que cela ſeulement, qu'elle ne ſe peut appeller incoulpable. Neantmoins, Dieux, donnez moy pardon, ou ſi ma faute ne merite grace, veuillez la conceder à ma penitence. Pardonne moy, mon pere: tu
n'es pas encore parfaictement pere miſerable, s'il peut aduenir que iamais on
ne t'aille racompter de quelle punition
les Dieux auront auiourd'huy iugé ton
enfant digne pour l'offence qu'elle t'a
faicte. Accepte cet Adieu qui s'en va
quant & le dernier ſouſpir, ains apres
luy, car il n'y a deſia plus de difference
des morts à moy, ſinon qu'ils ont fran-
chy la douleur du treſpas & ie l'attens.

D   Le

Le glorieux fang de Cirus tóbera tout
à cefte heure aux pieds d'vn barbare, &
par la playe d'vne femme, & par la playe de ta fille. O cruelle fortune, fi ie
deuois mourir que ne mourrois-ie royne ? où fi ie deuois mourir efclaue que
ne mourois-ie plainte au moins ? Adieu
ma douce mere, Adieu, ie ne regrette
rien au monde que ta vieilleffe à con-
foler. Ta fille ne te verra plus, tu ne
verras plus ta fille, fi quelque inefperé
bonheur ne te la faifoit vn iour reuoir
en cendre. Tu n'eus iamais de moy que
vne enfance penible & des larmes:mais
ne les verfe pas toutes fur ma coulpe,il
en faut referuer quelque partie à mon
tombeau. Soudain qu'elle euft acheué
ce mot, elle s'auallé au lict, ou elle fe
difpofe d'attédre le coup fans tirer plus
ne pied ne main, tournee à bouchon
fur l'oreiller,de peur que, le trop differend luftre de ce vifage à celuy de la
vieille ne defcouurift la fourbe, à la faueur d'vne Lune entreluifante:

Dixit, & os impreffa toro, moriemur inultæ!
Sed moriamur, ait fic iuuat ire fub vmbras.
& fembloit profondement endormie,
les

les pleurs, & le haletement mesme,
estant estouffé là dedans. Vn peu apres
les satelites arriuêt, & approchez qu'ils
furent tacitement du lict, l'vn pour l'arrester met les mains sur elle, qui s'es-
crioit en son ame? Ah mon amy ne me
touche que du glaiue, & l'autre cependant luy dóne d'vne dague aygue dans
le col, puis vn second coup dans le
corps pour l'acheuer. A tout cela ne
laissa elle point eschapper ne cry ne
clameur : fors vn seul pitoyable gemissement au douloureux arracher de la
dague, qui par la violence du coup
estoit entree dans le matelas, lequel fut
bien tost bagné du sang degorgé de ces
deux playes, qui se rependit de là iusques à terre. Alinda donc accomplit
ainsi, en si peu d'annees qu'elle vesquit,
tout ce que les histoires de plusieurs
siecles peuuent rapporter & plaindre
de miserable. Il ny eust poinct là de tendre mere qui par la chaleur de ses baisers semble luy vouloir inspirer vne
nouuelle ame.

—*Et extremus siquis super halitus errat*
Ore legat. —

Point de maternelle main pour clorre
fes doux yeux, & pour oindre ce beau
corps de baulme & de larmes, ny rien
du tout, que la foüilleure affreufe de
deux grãds coups de dague,qui la tein-
drent,a l'aduanture,longuemét en langueur. Or le matin arriué les fatellittes
retournent au corps pour l'aller iecter
en quelque foffe à l'efcart, fuiuant le
commandement de leur feigneur.Mais
ainfi qu'ils l'eurent retourné, les voila
pallis & tranfis comme fi le ciel fuft
tombé fur eux ; & ne fçeurent prendre
autre party que de s'enfuir pour euiter
la fureur de leur maiftre. Luy qui de fa
part les attendoit à fon leuer pour aller
rendre la nouuelle de leur exploit à la
Princeffe,les enuoye chercher par tout,
& par impatience de plus attendre, il
monte en fin luy mefme en la chambre
du maffacre. On peut imaginer que fift
& que dict a rencontre fi merueilleufe,
vn furieux Thrace,vn amoureux à for-
cener, & vn amoureux à qui l'on arrachoit des mains la victoire qui luy auoit
tãt couſté. Mais comme il fe tourmen-
te & crie à pleine teſte, Leontin entre
precipi

precipiteusement de l'autre part.

Sanguineam voluens aciem.

Et faut entendre que la dame Persien-
ne luy venant de monstrer ces miserab-
bles lettres, afin d'effectuer sa charge:
il feit bien paroistre de quel effort est
en vne ame qui à quelque chose de genereux, & de bien né, le ressentiment
de son tort: car chargeant tout subit le
visage & la couleur des trespassez, auec
vn esclat de piteux cris, il sort de sa châ-
bre en telle fureur qu'à peu qu'il ne
prist le precipice pour l'issuë, & s'en
court en celle de la princesse, où il pen-
soit qu'elle se deut estre tuee en son lict.
Mais la clameur du desastre, esleuee en
ces entrefaictes par toute la maison, le
destourna de l'autre costé. Là donc palle & fremissant de desespoir de remors
d'amour & de pitié tout ensemble, il se
va iecter estendu sur le corps à trauers
du sang & de la presse. Du commencement il paroissoit comme eterny, ne
rendant signe d'homme esueillé qu'vn
ie ne sçay quel sourd & douloureux
gemissement, qu'on n'eust sçeu dire tenir plus de la rage, de l'affection, ou de

la commiseration. Mais quád le peu de
fang qui restoit plus en elle, regorgeant
soubs ceste estroicte serre, vint à luy
iallir au visage, adonc il se ressourt en
sursault : Ah sang innocent, dict-il, tu
as beau me lauer auant que tu puisses
effacer la tache de mon crime : il ne
faut pas oindre vne telle peste, il la
faut arracher piece & tout & l'ame &
les entrailles auec'elle. Meurs hardiment Leontin, meurs hardiment, tes
victoires sont accomplies & parfaictes,
tu as eu le lict d'Alinda, tu as eu sa vie.
O terre, ô cieux, & quel monstre te ressemble en cruauté les caresses de leur
femelle amolit le tigre & le lion, mais
toy tout au contraire tu as fait passer
les mers à ceste chretine, tu luy as faict
abandonner pere & mere, le pourpre
& les honneurs royaux, l'Empire, &
presque encore l'autel & les sacrifices
pour l'attrainer massacrer en ta couche. Alinda ballanceroit sa grandeur
côtre les dieux s'elle n'eust aymé Leontin? Leontin n'eust pas commis parri-
cide en Alinda s'il n'eust receu ses faueurs. Certes ie ne deurois pas mourir
si sou

ſi foudain, ains me reſeruer long temps
au ſupplice que me donne l'horreur du
ſpectacle que i'ay deuant les yeux, car
luy ſeul ſuffit à me punir, les enfers
n'en ont point d'aſſez attroce : mais
las permets que i'eſchappe à ſa rigueur,
ô douce chere compagne, affin que ie
aille vers toy non pas obtenir pardon
(i'en ſuis trop indigne) mais te crier
mercy ſeulement. A l'heure l'inſpection
de ce beau viſage, ſi paſle & ſi deffaict,
le faiſoit decliner de la fureur à la langueur & à la compaſſion, & baiſe comme vn homme eſgaré ſes yeux eſteints:
Ne me luirez vous plus, diſoit-il, d'vne
voix plainctiue; Il baiſe ſa bouche bleſ-
me : n'inſpireras tu plus la vie en mes
veines? Puis ſon oreille : n'entendras tu
poinct la voix de ma penitence ? ne te
verray-ie plus ? t'ay-ie perdue ? t'ay-ie
tuée Alinda. Mais ayant deux ou trois
fois ondoyé de ceſte ſorte, ores furieux
ores defailly, finallement il iette vne
clameur : Ah ſi me ralieray-ie à toy.
Dont apres s'eſtre redreſſé ſur les genoux, ſa dague traicte, & regardant
Ortalde la preſente de trauers, il s'en

donne violamment dans le cœur, &
chaſſe d'vn coup ſon ame reioindre celle de ſa dame. Le corps tombe à coſté
d'Alinda, les playes ioinctes, qui ſem-
bloient amoureuſemēt s'entre-accueil-
lir, & ce noůueau ſang, chaut & boüil-
lant, vouloit r'animer l'autre par ſon
infuſion. Or la miſere d'vn tel ſpectacle tira des larmes à toute l'aſſiſtance,
& depuis à pluſieurs perſonnes qu'il
ne toucha que par les oreilles. Quant
au Thrace Othalcus, & ſa ſœur, ils fi-
rént vn long & grand dueil, apres auoir
poſé l'orne de leur commune cendre
en vn ſepulchre qu'ils firent eriger
expres.

Vas en paix couple ſaincte, en nos pleurs ar-
* rouſee:*
Il n'y a plus de glaiue à percer vn beau col:
Pour ſoubſtraire vn amāt il n'y à plus de dol:
L'amour, Tyran au monde, eſt Dieu dans
* l'Heliſee.*

VER

VERSION DV
SECOND LIVRE
de l'Æneide.

Hacun ferme la bouche attentif en
   silence,
Lors que du plus haut lict Ænee
   ainſi commence :   (eſtimer
Royne que ſes vertus font par tout
Vne douleur, helas, qui ne peut s'exprimer
Tu me fais refraiſchir, m'ayant enioint de dire,
Comme le Grec deſtruict le lamentable Empire,
Et la grãdeur de Troye, ouurage ſainct des Dieux
Tres piteux accident que ie vis de mes yeux :
Et où eus ample part, vueil du ciel implaçable.
Mais qui pourroit ouyr choſe ſi miſerable,
Fuſt ce vn ſoldat d'Achile, ou d'Vliſſe inhumain
Sans arrouſer de pleurs ſon viſage & ſon ſein?
Puis ià l'humide nuict du ciel ſe precipite,
Et des aſtres la cheute au ſommeil nous inuite,
S'il te plaiſt neantmoins de ſçauoir nos trauaux
Et l'infortune où Troye a veu ſes derniers maux.
Encore que mon ame aye horreur quãd i'y penſe,
Et de dueil les refuye, eſcoute & ie commence.
Les conducteurs des Grecs, ià par dix ans gliſſez,
Las & rompus de guerre, & des ſorts repouſſez,
Fabriquent vn cheual, art de Pallas diuine,
Haute comme les monts s'eſleue la machine :

D 5   Le

Le flanc est assemblé d'vn blanc sapin sié,
Vœu seint pour le retour, ce bruit est publié.
Des gens au ventre obscur en secret ils cacherent,
Qui sur là fleur de l'ost par le sort se leuerent.
Rempliffans iufqu'au fons ses grãds autres fermez
Et son large costé de soldats bien armez.

  Tenedos se void proche, Isle, riche & fameuse,
Quand Priam dominoit sur là Phrygie heureuse
Ce n'est ores qu'vn port, aux vaisseaux arrestez
Mal-affeuré seiour, là s'estans transportez,
Ils se cachent trompeurs sur la deserte arene:
Nous les cuidons partis, & au vent de Micene.
Troye de ce long dueil se deli toute alors
Les portes on ouurit, & chacun sort dehors:
S'esbatant d'aller voir la tranchee Argolide,
Les lieux abandonnez, & le port reste vuide:
Achille icy logea là le Dolope estoit,
Les cheualiers delà, deça l'ost se hastoit,
Et plusieurs s'estonnoient admirans la machine,
Don de Palas la vierge, instrument de ruine.

  Or Tymœstes premier nous persuade fort
De le guider dans Troye & le loger au fort:
Soit qu'il le dit par dol, soit que la destinee
D'Ilion le se portast, à ce iour terminee.

  Nais les plus aduisez & Capis auec eux
Veulent qu'on precipite en l'Hellespot vagueux,
Ce present trop suspect, & ceste Grecque attrape:
Qu'on face vn feu dessous dont bruslât on le sape,
Ou percer son flanc creux, sondant le secret vain:
Le peuple en diuers sens se partit incertain.

  Laocoon tandis auec grand compagnie
Du souuerain Palais accouroit de furie:
S'escriant de fort loin: ô peuples forcenez,
Croyez vous les Danois par la mer retournez?

Ou qu'vn present des leurs soit offert sans malice,
Citoyens desastrez ainsi cognoistre v lysse!
Le Grec dans ce bois creux est enclos & musté,
Ou contre nos beaux murs cet engin est dressé,
Pour voir dãs nos maisons, pour cõmãder la ville:
Sõme on nous cache icy quelque ambusche subtille
Ne croiez au cheual: quoy que ce soit, ou non,
Les Achiues ie crains, & vôtre offrans vn don.

Laocoon, ce dit cresté sa longue lance,
Que d'vne viue force en courroux il eslance
Dans le flanc du cheual, d'ais courbez façonné:
Branlant elle s'y fiche, & du coup estonné
Geindre & sonner il fit ses cauernes cauees.
Que si nos vains esprits, & si les destinees
N'eussent eu du malheur, il nous poussoit exprez
A gaster par le fer la cachette des Grecs:
Las tu serois sur pieds, ô grande Troye encores!
Haut Palais de Priam & tu resterois ores!

A l'instant vers le Roy les Dardanes pasteurs
Attrainoient vn ieune homme auec grãdes cla-
Les bras liez au dos d'vne forte courroye: (meurs
Pour ourdir cete fourbe, et aux Grecs ouurir Troye
Comme en s'acheminãt leur troupe il descouurit
Deuant eux incogneu par dessein il s'offrit:
Disposé à ces deux en vne ame hardie,
Succomber à la mort, ou trahir nostre vie.

Lors nostre ieune peuple accourt de toutes parts
Afin de voir que c'est, & l'entournant espars,
Pour mocquer le captif à qui mieux il se pique.
Mais entẽdãs à cette heure vne fraude Argolique
Puis les autres, apres, iuge sur cette-cy.
Car comme il s'arrestoit d'vn visage transi
Au milieu des Troyês tout seul & sans deffence,
Contemplant àlensour cette large assistance:

Quelles

Quelles terres, helas quelles flottantes mers,
Me pourront, disoit-il, recevoir deformais?
Ou que me reste til chetif & miserable!
Qui n'ay plus de retraicte auec le Grec muable,
Et les Teucres encor à outrance ennemis
Voulant auoir mon sang en leur mercy submis
De ce gemissement nostre ame est amollie,
Et l'outrage assoupy: nous l'exortons qu'il die
Quelle nouuelle il sçait, quelle est sa parenté,
Quel espoir luy demeure en la captiuité:
Dont il nous parle ainsi, deposant cette crainte.
Quoy qu'il puisse arriuer, ie diray vray sãs fein-
Et ne te nie, ô Roy, que ie suis né d'Argos: (te,
Cela soit dit premier, car si le destin faux
A fait Sinon chetif, il ne le sçauroit faire
Ny vain ny mensonger. Si par le bruit vulgaire
Tu as onques cogneu la gloire & grand renom,
Du Roy Pallamedes qui de Bel prit surnom:
Celuy que les Gregeois d'vn iugement damnable
Par fausse trahison meurtrirent incoulpable,
Pource que de la guerre il les vouloit tirer:
Ores priué du iour tard ils l'ont sceu pleurer.

Vers luy proche parent & côpagnô en guerre,
Mon pauure pere enfant m'enuoy en vostre terre
Tandis qu'il restoit sauf à son regne puissant,
Regne par sa prudence en bon-heur florissant.
I'ay certes quelque gloire en ce temps recueillie:
Mais dés qu'Vlisse cault par sa maligne enuie,
Chacun a sçeu cela, l'eut priué du Soleil,
Mais iours ie trainay triste en tenebres & dueil:
M'indignant à part moy du desastre contraire
D'vn innocent amy, & fou ne me peux taire,
Ains promis le venger, s'en hazard l'eust permis,
Ou si iamais vainqueur ie rentrois au pays:

Ces

Ces propos m'esmouuoient vne haine meurtriere
De là, certes, mon mal print sa cause premiere:
De là tousiours ce Grec par le peuple espandit
Mille bruits ambigus, de là mesme il rendit
Par crimes supposez mon esprit plein d'alarmes,
Traistre, & cherche de là les cautelles pour armes.
Et n'eut fin que Calchas: mais que vais ie à preset
Resueilleter en vain vn conte mal plaisant?
Pourquoy vous amusay ie, ô Prince magnanime:
Si les Arges vers vous sont tous en esgal crime
C'est assez escouté, vengez-vous vistement:
L'Itachide Vlisses le desire ardamment,
Et les Attrides Rois en donneroient grand chose
Lors nous bruslôs d'équerre, & rechercher la cau-
Ignorans l'art des Grecs & leur meschâceté: (se.
Dont ce trompeur qui tremble a soudain adiouté
Le camp souuentefois lassé des longues guerres
Desira quitter Troye, & partir de ses terres,
Brassant, que l'eust il fait! la fuite par le vent,
Mais l'orage aspre en mer le renfermoit souuent,
Et l'Auster au partir se rendoit effroyable.
Mais quâd ce grâd cheual tissu d'arbres d'erable
Fut esleué sur pieds, lors plus que parauant
Tout le ciel resonna de foudres s'esmouuant.
Dont suspéds & douteux nous mandôs Eurypile
Pour consulter l'oracle en Delphe illustre ville,
Qui ce triste decret du cachot rapporta:
Quâd premier vostre armee, ô Grecs, se trâsporta
Sur les fins d'Illion, vne vierge immolee
Vous rendistes par sang la tempeste appaisee:
Par sang il faut aussi le retour rechercher,
Faisant vne ame Argine à l'autel espancher.
    Cette voix du vulgaire en l'oreille coulee
Les esprits sont transis, vne frayeur gelee

Court

Court au fond de leurs os: à qui le fort felon
Prepare il la mort? qui demande Apollon?

   Lors Vlisses attraine auecque grãds vacarmes,
Le Prophete Calchas deuãt les Grecs gẽsdarmes,
Et d'expliquer l'oracle il le presse asprement:
Certes, & ià plusieurs iugeoient tacitement,
Et plusieurs publioient que ce traistre artifice
Deschargeroit sur moy sa cruelle malice.
Dix iours coy & couuert, il luy desnia fort
De declarer personne, & l'exposer à mort:
En fin comme forcé par son aspre crierie,
Sa voix saillant d'aguet à l'autel me dedie.
Tous s'y sont accordez, & ce qu'ils ont douté,
Chacun pour son chef propre, ils ont patienté
Qu'õ le tourne au meschef d'vn pauure miserable
Desia se presentoit le iour abominable:
Le Sacre, on m'apresta, la bande autour du front,
Et meslees de sel les farines y sont:
Ie m'arrache au trespas, certes ie le confesse,
Et mes liens rompus, obscur en l'herbe epesse
D'vn limonneux marais la nuict ie me cachay,
Tant qu'ils relascheroient s'ils eussent relasché
Et n'ay plus nul espoir de voir ma terre chere,
Ny mes deux enfançons, ny mon desiré pere.
Sur qui peut estre, helas, fiere rigueur du fort!
Ils vengeront ma fuite & par la dure mort
De ces pauures chetifs expiront mon offence.
Partãt au nom des Dieux, qui ont la cognoissãce
Du vray, & par la foy, don des cieux eternels,
(Si quelque pure foy reste encore aux mortels)
Pitié de tel desastre, ô peuple tres insigne:
Pitié de qui supporte vn mal dont il n'est digne.

   Lors nous donnons la vie à ces pleurs espãchez
Et de compassion nos cœurs furent touchez,

Le Roy mefmes premier la fentence a donnee,
Qu'on leuaſt ſa menotte, & ſa corde ſerree :
Puis il luy dit ces mots d'vn accueil familier:
Amy, quel que tu ſois, il te faut oublier
Les Achiues perdus, & Phrygien te rendre,
Mais fay nous ie te pry' la vraye hiſtoire entédre:
Pourquoy baſtiront-ils la monſtrueuſe hauteur
De ce cheual de bois? & qui en fut autheur?
Que cherchent ils par elle? eſt ce offrande diuine?
Seroit ce pour la guerre vne artiſte machine?

 Il dit, & l'autre inſtruit au dol Pelaſgien
Eſleue au ciel ſes mains, deſpriſes du lien:
Vous aſtres eternels, diſoit ce miſerable,
Et voſtre deité i'atteſte inuiolable:
Vous horrible couteau, nous autel euité,
Vous templettes des Dieux, qu'hoſtie ie portay,
Ie vous prends à teſmoins qu'il m'eſt ores licite
Rompre les droits ſacrez des Arges que ie quitte:
Permis hayr ces gens, & reprendre par l'air
Les plus cachez ſecrets, qu'ils voudroient receler,
Non plus ſubieĉt aux loix de mon pays la Grece,
Pourueu que tu me tienne, ô Troye, ta promeſſe:
Et que t'ayant gardé tu me gardes la foy,
Si ie deſcoure au vray de grands choſes pour toy.

 L'eſperance des Grecs en la guerre entrepriſe,
Sur Pallas leur ſecours eſtoit touſiours aſſiſe.
Tant que Diomedes le Tydide impieux,
Et le Laertien au mal ingenieux,
S'en vont pour arracher du S. temple à Minerue
Le grand Palladion que fatal il conſerue:
Ayant dans le haut fort noſtre guet maſſacré,
La nuiĉt ils ont rauy ces image ſacré:
Et leurs ſanglantes mains eurent la hardieſſe
D'attoucher lattour vierge au chef de la Deeſſe.

         Lors

Lors le flux de l'espoir du Danois deserté,
Cemmence à s'escouler, contremont emporté,
Leur force aussi se rompt, la Deesse aduersaire.

   Pallas nous donne apres apparence bien claire,
Par prodiges certains, d'vn courage irrité.
Car à peine l'idole au camp estoit planté,
Que dans ses yeux fichez de viues flámes ardent,
D'vne amere sueur tous ses membres s'espardent:
Et trois fols sur le champ (miracle) il reiaillit,
L'escu qu'il porte au bras, la lance en tressaillit.
Subit Calchas prescha qu'il faut auec la qame
Fuyans tenter les mers, & que le beau Pergame
Par le fer Argoliq, razé ne peut perir,
Si l'Auspice en Argos ils ne vont requerir:
Et rapaiser les Dieux, dont aux naues profondes
Ils auoient apporté la faueur sur les ondes.
Et qui fait maintenant que lon les void tirer
Par le vent à Minerue, ils s'en vont preparer
L'assistance des Dieux, & nouuelles armees:
Et puis on les verra, les mers remesurees,
Paroistre à l'impourueu: Calchas les dresse ainsi.
Ce cheual, par conseil ils ont construit icy,
Sur le Palladion, & Pallas outragee,
Pour rendre offrans ce vœu l'impieté purgee.
D'arbres entrelacez le prestre ingenieux
Fait esleuer la mole & la hausser aux cieux,
Gråde & vaste sans fin qu'elle n'ètrast aux portes
Ou qu'on ne la guidast dans vos murailles fortes,
Pour le peuple garder sous les Dieux anciens.
D'autant que si vos mains violoient, ô Troyens,
Le present de Pallas, vne extresme ruine   (ne
Sur ce regne, & le Phryge auiourd'huy s'achemi-
Si par vos mains aussi dans la ville il montoit,
Le bien heureux destin de vos neueux portoit,

                                        Que

Que par de grãds combats Troye pleine de gloire,
Outre les murs d'Argos pousseroit sa victoire.

Par telle attrape donc, & l'artifice fin
Du pariure Sinon ce conte est creu en fin:
Et sont vaincus du dol, & des cõtraintes larmes,
Ceux qu'vn braue Tydide, & d'Achile les armes
Dix ans, & mille nefs ne sçeurent pas dompter.
Alors chose plus grande, & plus à redouter,
Troublãt nos vains cerueaux, chetifs! viẽt s'appa-
Laocoõ par sort du dieu Neptune Prestre, (restre.
Sur l'autel solemnel vn grand bœuf immoloit:
Voicy par les flots cois deux fiers serpens on vôid,
Qui couuans l'Helespõt de rõds grãds à outrãce,
Des parts de Tenedos (i'ay frayeur quãd i'y pẽse)
S'en venoient vers le port teste à teste aduancez
Le chef & l'estomach sur l'onde sont dressez.
Ils surpassent lex eaux de leurs crestes sanglantes
L'autre part derriere eux raze les mers coulãtes,
Et leur queuë infinie en tortis s'eslargit.
Nẽree escumant sonne, & ià ce pair surgit:
Infecté de noir sang est leur prunelle ardante,
Et l'vne & l'autre langue a l'enuy couleurante,
Leur bouche aux longs siflets lechoit d'vn souple
Tous palles nous fuyons ce prodige apperceu: (feu
Mais eux d'elant expres Laocoon pourchassent,
Et les serpens d'abbord entrauent & embrassent
Les tendres petis corps de ses deux enfans chers:
Et se paissent mordans de leurs chetiues chairs.
Puis cõme auec le glaiue il viẽt au secours blesme
L'ẽpestrans de grãds lacs, ils le hapẽt luy mesme,
Dont l'ayant ià deux fois par le sein enlasßé,
Deux fois l'escaillé dos autour du col glißé,
Leurs chefs le surmõtoiẽt, & leurs crestes dressees
Pour decharpir les nœus ses mains sõt empeschees

L4

La templette des Dieux, qu'il eut au chef deuin
Esparse de fanie auec vn noir venin:
Et d'horribles clameurs aux estoilles il porte.
Le taureau furieux beugle de telle sorte
Lors que fuyans l'autel il secoua blessé
La hache au coup mal seur de son col redressé.
Mais le pair de dragons d'vne fuite ondoyante
Se glisse au temple haut de Pallas violente:
Là tirans à son siege ils se vont abrier
Dessous ses diuins pieds, & le rond du bouclier.
Adonc nouuelle peur de nostre ame qui tremble,
Se saisit & s'empare: & à tous il nous semble
Que telle peine est deuë à son crime insencé,
D'auoir le sacré bois par le fer offencé,
Quand il brandit au flanc sa lance malheureuse
Qu'il faut guider dedans ceste image pieuse,
Et Pallas appaiser par vœux & oraisons.

   Nos murs par vne breche alors nous diuisons
Et descouurons l'enclos de la ville apparente.
Tous s'apprestét à l'œuure: on met sous chaque plã
Vn coulement de roue: au col ils ont tendu (te
Des cordages de chanure, & monte au mur fendu
La mortelle machine emprainte, et grosse d'armes
Fils & filles autour chantent de sacrez carmes:
Heureux qui peut toucher la corde auec la main.
Peu à peu s'auançant elle gaigne chemin,
Et au cœur d'Ilion se glisse menassante.
O ville de Dardan en guerre florissante,
O patrie, & toy Troye aux Dieux seiour aymé,
Quatre fois sur le sueil le cheual s'est fermé:
Quatre fois dans le flanc les armes resonnerent:
Neantmoins, pauures foux! nos efforts persisterét
Et sillez de manie au grand Palais sacré
Nous plaçons à la fin ce prodige execré.

                                Lors

Lors certes Cassandra vierge en beautez vnique,
Ouurit sur le futur sa bouche prophetique,
Qu'Illion ne creut onq, Phœbus ne permettoit.
Nous donc à qui chetifs ce iour dernier estoit
Parons & tapissons par toute la grand Troye,
Les temples de festons, comme en feste & en ioye.

    Tandis le ciel tournãt, la nuict saillit de l'eau,
Qui vient enuelopper de son vaste manteau,
Les cieux, la ruse Grecque, & la terre fertile:
Les Troyens s'accoisoient espandus par la ville,
Le sommeil embrassant leurs membres trauaillez:
Et ià la flotte Argiue à fleur des flots sallez,
Venoit de Tenedos vers la riue Segee.
Sous le silence amy de la Lune ombragee.
Mais quand la nef Royalle eut des feux esleué,
Lors Sinon a grand tort des destins conserué,
La cloison de sapin va lascher à l'emblee,
Et les Danois enclos en la pense comblee.
Le grand cheual ouuert les rend à l'air ombreux:
Et se produisēt gais du fonds de ce bois creux, (dre
Deux cõducteurs des Grecs Sthenelus, & Tisã-
Que par cordeaux iettez glissans on fit descédre:
Le fier Vlisse aussi, Menelaus, Thoas,
Machoon le premier, le puissant Athamas,
Le ieune Peleen Pirrhe Neoptoleme,
Et l'ouurier de ce dol Espee y fut luy mesme.
Ils s'espandent par tout, enuahissans soudain
La ville enseuelie au sommeil & au vin:
Les gardes sont tuèz par les portes ouuertes
Ils reçoyuent leurs gens à trouppes descouuertes,
Et à l'ost coniuré se vont là rallier.

    Ce fut à mesme instant que le sommeil premier
Commençoit don du ciel au mortel miserable.
Et se glissoit en nous plus doux & agreable.

                      Quand

Quãd mes yeux pẽsent voir Hector cheualeureux
En songe s'apparoir tristement douloureux: (res
De larges pleurs il verse, & cõme on vid n'ague-
Deux cheuaux l'ẽtrainoiẽt soufmis au ioug seuere
Noir de poudre sanglante, & ses pieds tous enflez
D'vne dure courroye estoient outrepercez.
(O Dieux quel il estoit, & combien dissemblable
De l'Hector qui reueint du combat effroyable
Sous les armes d'Achille ou qui les feux Troyens
Retourna de lancer aux vaisseaux Argiens.)
La barbe orde & crasseuse, en sa teste adentillee
La perruque se void de sang prise & collee:
Et rapportoit encor ce grand nombre de coups
Qu'il receut sous nos murs, gardãt son pays doux
Ie cuidois exprimer ces paroles dolentes,
L'accueillant de moymesme auec larmes coulãtes:
O lumiere d'Asie, ô l'espoir asseuré
Des Troyens desastrez qui t'a tant differé?
D'où viens-tu maintenant ame tres-desiree?
Qu'apres tant de trespas en ta race esploree,
Tant de maux de la ville, & des tiens assaillis,
Nous te voyons, Hector, lassez, & defaillis?
Quel indigne accident gaste, ton beau visage?
Pourquoy te voisie, helas, de ces playes l'outrage?
Sur mon enqueste vaine il ne s'est arresté:
Mais il me respondit apres auoir ietté
Vn douloureux souspir tiré du fonds de l'ame:
Ah fuyt t'en vistement & t'arrache à la flãme:
L'ennemy tient la ville, & le sainct Illion
Du haut sommet aux pieds est en subuersion.
Tu as assez seruy Priam & la patrie:
Si quelque dextre eust peu sous Bellone aguerrie
Les Pergames garder, ma main les eust gardez.
Nos Penates tressaints te sont recommandez

Par

Par Troye miſerable ô ſang des Dieux Aenee,
Prend les auecque toy, conſorts en deſtinee
Et leur cherche cité, qu'apres que tu auras
Long temps erré ſur mer grande tu conſtruiras.
Ce dict il enleua de ſa main pailliſſante,
La templette diuine, & la Veſte puiſſante,
Auec l'eternel feu de l'Adite profond.

En diuers maux tandis la ville ſe confond,
Et quoy que la maiſon où reſidoit mon pere
D'arbres fuſt ombragee, & reculee arriere,
Deſia de plus en plus vn bruit s'eſclarciſſoit,
Et des armes l'horreur bruyant me feriſſoit.
Le ſommeil ie ſecouë, & au lict ne m'arreſte,
Ains montant au toict haut ie ſurpaſſe le feſte,
Là fermé ſur mes pieds l'oreille ie preſtay.
Comme quãd le feu prẽd aux moiſſons de l'Eſté
Lors que le vent d'Auſter rage par la cãpagne
Ou biẽ cõme vn torrent tõbant d'vne montagne
Rapide atterre à coup l'hõneur des chãps herbeux
Atterre les beaux bleds, & le labeur des bœufs,
Et la foreſt entraine à val precipitee:
Le paſtre au feſte ardu d'vne roche eſcartee,
Tranſit l'eſclat ouy, neuf à tel accident.
La foy, le deſſein Grec paroiſt lors euident:
Jà de Deiphobus ſous le feu qui domine,
La ſuperbe maiſon trebuche ample ruine:
Celle d'Vcaligon voyſine s'embraſoit:
La vaſte mer Sigee en flammes reluyſoit:
Et la clameur des gens s'eſleue dans la nue,
Parmy le ſon bruyant de la trompette aigue.

Mes armes à ce coup ie ſaiſis tranſporté:
Ny ne ſuis par raiſon à la guerre porté,   (mes,
Mais i'ards de m'ẽ preſſer au plus chaut des alar-
Et courir au chaſteau me ioindre à nos gẽſdarmes
                                        L'ire

L'ire & l'aspre fureur mon sens precipitoit:
Et mon courage esmeu lors me representoit,
Qu'vne mort au côbat d'illustre gloire est pleine.
 Or Panthus escoulé sous l'espee Argienne,
Me rencontre en chemin, l'Otriade Panthus,
Prestre du temple sainct, & du puissant Phœbus
Il entreine en ses mains les deitez domtees.
Son petit filz enfant, & les choses sacrees:
Et courant forcené vers le port il s'enfuit:
En quels termes Panthus est cét Estat reduit?
Quel chasteau tenôs nous? i'acheuoisà grãd peine
Qu'il me rend en pleurant sa response soudaine:
Voicy le dernier iour, & le temps destiné
Inuincible à l'Asie est helas terminé:
Nous fusmes les Troyens, ô fils d'alme Deesse,
La riche Troye estoit, & la grandeur maistresse
Des Teŭcres a esté: le souuerain des Dieux
Transporte tout cruel en Argos odieux.
L'ennemy seigneurie en la ville enflammee:
Le cheual esleué verse vne foule armee,
Planté dans le milieu d'Ilion belliqueur:
Sinon esmeut les feux nous bafouant vaincueur
Les vns aux portes font à deux fueillets ouurantes
En plus de legions sous l'acier reluisantes,
Que de la grand Micene il n'en vint onc icy,
D'autres couppent par tout le passage estre cy
Des rues & destours, s'opposant auec armes:
Le glaiue qui flãboye en la main des gensdarmes
Tant ferme à pointe nuë, au trespas appresté.
Le premier corps de garde à la porte planté,
Tentant le chocq à peine aueuglement faict teste.
Poussé par l'Otriade, & par le vueil celeste,
Parmy glaiues & feux ie me iette ardamment:
Où la triste Erinnys, où le fremissement

Et

Et la clameur m'appelle aux eſtoilles hauſſee.

Vne trouppe s'eſt lors à mon flanc amaſſee
Et (par la Lune offerts) à moy ſe ſont vnis
Iphite en armes fort, Dymas & Hypanis:
Riphee & Chorebus ſont auſſi de la bande,
Chorebus Mygdouide & à Troye la grande
N'aguere adoleſcent il s'eſt acheminé,
Pour Caſſandre bruſlant d'vne amour forcené:
Les Phriges & Priam il ſecourt comme gendre:
Pauuret, qui ne ſçeut pas les preceptes entendre
Par ſa belle accordee en fureur prononcez.

Or comme ie les vis en vn gros ramaſſez,
Et chercher le conflit, ie leur tinds ce langage:
Ieuneſſe en qui bouillonne vn genereux courage,
Si tu as reſolu me ſuyure & m'aſiſter
A ce dernier peril ou ie m'oſe ietter,
(Tu cognois bien quel eſt le ſort de nos affaires:
Les Dieux qui de l'Eſtat ſe rendoient tutelaires.

Sont tous iſſus du temple & de l'autel quitté
Reuengeons vainement la bruſlante cité:
Mourōs, en nous lāçāt dās le plus fort des armes.
Certes il reſte encor en l'horreur des alarmes
Vn ſalut aux vaincus, c'eſt n'eſperer ſalut.
La fureur donc ainſi ces ieunes cœurs eſmeut.
Puis en loups rauiſſās, qui ſoubs la nuit ombreuſe,
Sont lancez de leur ventre en ſa rage impiteuſe
Aueugles par les champs (les petits demeurez,
Attendent leur retour à goſiers alterez)
Parmy les ennemis, & l'eſpee inhumaine,
Nous nous allons ietter à la mort treſ-certaine:
Au cœur de la cité noſtre pied nous conduict:
Du caue ombre voylez de la profonde nuict.
Mais qui vous depeindroit l'occiſion terrible,
Qui peut nōbrer les morts de ceſte nuict horrible?

Ou ses pleurs esgaller à des maux si cuisans?
La ville antique tombe ayant regné mains ans.
Les corps aneantis on renuerse & terrace,
Par monceaux çà & là , sur la sanglante place:
On les verse aux maisons, & aux temples sacrez,
Et certes les Troyens ne sont seuls massacrez:
Par fois mesme aux vaincus retourne le courage,
Les Grecs aussi vainqueurs succombet au carnage
Par tout pleurs & pitié par tout l'effroy de Mars
L'image de la mort paroist de toutes parts.

   Or le premier qui s'offre à nostre aspre poursuite
Fut l'Achiue Androgee auec vne grand suitte,
Ne sçachant le secret Arges il nous cuida:
Et de propos amis ainsi nous aborda:
Depeschez-vous, enfans, quelle paresse lente
Vous a tant retardez? nos gens à main ardente
Pillent emportent ià les Pergames flambez,
Et vous sortez encor des nauires courbez,
Il dict , & void soudain (n'ayat responce seure)
Qu'entre ses ennemis il glissa d'auenture,
Pieds & voix il reprime, & recule effrayé,
Comme vn qui cheminant a par terre frayé
Le serpent non preueu sous la ronce piquante
Trēble & s'efuit subit , quãd l'ire aspre & bouil-
Et le chef il esleue vn col liuide enflant: (lante
Le Grec qui nous a veus tremble ainsi s'en allant.
Mais nous luy couros sus, nous l'enuironos d'armes,
Et versons çà & là ces desastrez gensdarmes:
Ignorans les destroits, & surpris de la peur:
Le bon heur embrassa nostre premier labeur.

      Chorebus fur point nous parle en tel langage,
Esleué du succez & d'vn ieune courage:
O mes chers compagnons suyuant nostre fortune
Où la voye elle enseigne à salut opportune:

                                              Ou.

Où dextre elle se monstre, il faut que nous suiuiõs
Eschangeons nos boucliers, & nous approprions
Les marques des Danois faudroit-il rendre comte
Si par dol ou vertu, ses ennemis on domte?
Les armes côtre eux mesmes ils donnët propremët,
    Ce dit, il reuestit le superbe ornement
Du bouclier d'Androgé, la sallade huppee,
Et ioint à son costé la Pellasgide espee.
Riphee en faict autant. Dymas le feit aussi,
Et toute la ieunesse en ioye a fait ainsi:
Chacun s'equippe donc de ces nouuelles armes.
Nous cheminõs côfus parmy les Grecs gësdarmes:
Et à nostre malheur nous ioignant & meslant,
Nous liurons à l'obscur maint combat violant.
Nous chassons aux enfers plusieurs des fiers Achi-
Les vns fuyent aux nefs, & les fideles riues (ues
Regagnent à la course, autres de vile peur
Vont derechef monter dans le cheual trompeur
Cachex au flanc cogneu, Helas que nul n'espere
Et ne se fie à rien quand Dieu luy est contraire,
Du temple & de l'Autel où Pallas on seruoit
Les cheueux tous meslez Cassandre on entrainoit
La vierge de Priam ses ardantes prunelles
Leuant en vain aux cieux, & certes ces prunelles
Car vn lien restraint ses delicates mains.
Les yeux de Chorebus de tendre amour tous pleins
N'ôt sçeu voir tel spectacle, ains d'vn ame affolee
Pour mourir il se iette en la Phalange armee.
Nous le suiuismes tous, boucliers ioints & pressez
Et donnons de roideur dans les Grecs enfoncez.
    Nos Troyës de leurs iets nous assõmët la mesme
Les dardants du sommet de ce temple supresme:
Et nasquit par l'aspect de ces harnois menteux,
Et par les casques Grecs vn massacre piteux.

         E   Mais

Mais les Arges depits pour la vierge rauie
De toutes parts adonc descendent en furie:
Nous sommes enuahis : le Telamonien,
Les Attrides y sont, & tout l'ost Argien,
Ainsi parfois l'Auster, & le Zephire encore,
Et l'Eurus qui s'esbat des coursiers de l'Aurore,
Combattent teste à teste à tourbillons creuez:
La forest bruit & siffle, & les flots esleuez
Bouillonnent du fin fonds de la mer aboyante,
Sous l'escumeux tridēt dont Neptun les tourmēte.
    Ceux que nous auions mesme en route dispersez
Dans l'obscur de la nuict, & par ruze chassez
Tout le long de la ville, à ce coup apparoissent:
Glaiues & faux boucliers, premiers ils recognois-
Et du son de la langue ils notient le discort (sent,
Nous sommes accablez, par vn nombre si fort.
Chorebus à l'autel de Pallas forte en guerre
Du coup de Penelé bronche premier à terre:
Ripheus cheut aussi le plus homme de bien,
Et le plus iuste en mœurs de tout le nom Troyen:
Mais ainsi pleut aux Dieux qui l'Olympe regissēt
Hypanis & Dymas, à mesme instant perissent,
Transpersez de nos gens & toy-mesme Panthus
Ta pieté profonde, ou la mitre à Phœbus,
Ne t'ont mis à l'abry quand tombé tu rends l'ame
    Les cendres d'Ilion, & cette extreme flamme
Qui mon pays ardit, i'atteste, ô mes amis,
Que ie n'euitay traits, ny hazard d'ennemis,
Le iour de vostre fin: & si la destinee
M'eust ordonné la mort, ma main l'a meritee.
De là ie me detrappe : Iphitus m'assistoit,
Suiuy de Pelias : or Iphitus estoit
Appesanty par l'aage à la prompte malice,
Et Pelias tardif d'vn coup reçeu d'Vlisse,

La bruyante clameur nous appelle à l'instant
Au chasteau de Priam : là l'estour est tres-grand:
On eust dit qu'autre part ne fulminoit Bellonne,
Et qu'en toute la ville on ne tuast personne:
Tant nous vismes icy Mars & les Argiens,
Se ruer asprement sur le fort des Troyens.
Le sueil est assiegé de la roide tortue.
Mainte eschelle s'aherd aux murailles pendue:
Contre le portail mesme en foule ils s'efforçoient
De grimper par les pas: leurs boucliers les couuroiēt
Obiettez à l'orage auec les mains senestres,
Et les bords & sōmets ils happēt de leurs dextres.
Le Dardane opposé va les tours arracher,
Arracher des maisons le comble & le plancher:
Auec ces armes là sa reuenche il obstine,
Sentant la mort finale en l'extrésme ruyne:
Et bouleuerse à val les pesans trefs dorez,
De nos anciens ayeulx parements honorez.
*   D'ailleurs le glaiue au poing vne espesse cohorte*
Boucle & deffend en bas la tressaillante porte.
Nos cœurs sont ranimez à nous aller renger
Au secours du Palais, afin de soulager
Nos amis d'vn réfort, & force aux vaincus rēdre
Lors par vn lieu obscur mō chemin ie vais prēdre
Qui fut commune voye aux grāds hostels Roiaux
Pour trauerser entre eux le sueil laissé au dos.
La pauure Andromacha iadis d'Hector cherie,
Souloit par cette porte aller sans compagnie,
Voir ses beaux pere & mere, attendant apres soy
L'enfant Astyanax vers son ayeul le Roy
Par là dōc ie me pousse, & mōte au haut du feste
D'où les chetifs Troyens dardoient vne tempeste
De diuers traits, & iets, respandus vainement.
*   Le haut chef d'vne tour s'esleue au firmament*

En precipice aßis: & de la Troye antique
On descouuroit par tout, & la flotte Achaique
Außi le camp des Grecs aux puißans bataillons
Nous donnons tous deßus, & par fer l'aßaillons
Au droit où l'aßemblage esleué vers la nue,
Sa iointure monstroit ouuerte & descousue
De son plant surhaußé nous l'arrachons en fin,
Et la poußons à bas : elle versant soudain
Auec vn tintamarre vne ruine entraine,
Et tombe largement deßus l'ost de Micene:
D'autres scadrons ont prins la place de ceux-là:
Pierre ou genre de iect ne ceßent pour cela.

    Or Pyrrhus ce pendant à la porte premiere
Sous vn plastron d'airain esclattoit de lumiere,
Et superbe braquoit le coutelas en main,
Tel que luy le serpent repeu de noir venin,
Que l'Hyuer cache enflé dans la terre gelee,
Comme il a tout nouueau sa robbe despouillee
Reparé de ieuneße, au Printemps renaißant
L'estomach esleué serpente vn dos glißant,
Haut sourdant au Soleil : sa langue rougißante
Vire & brille à trois dards en la bouche siflante.
Le grand Periphe suit auec Automedon
Escuyer de Pyrrhus, d'Achille il fut charton:
Et auec eux encor tout le gros de Syrie
Rue des feux au toict l'abordant de furie.
Luy mesme donc Pyrrhus tous les siens deuáçant,
Va happer vne hache, & de son bras puißant
Le dur portail il brise, & les poteaux qu'il cache,
Garnis d'airain poly, hors des gonds il arrache:
Ià la piece rompant le bois ferme est creusé,
Qui rend vn iour tres-grand d'ouuerture euazé.
On descouure au dedans les demeures Royales,
Et se mõstrët à clair les courts & les grãds sales:

Le

Le logis plus priué des Monarques anciens,
Et de Priam paroist, & void on les Troyens
Qui tenoient teste armez à la premiere entree:
Mais la maison adonc se trouble desastree
D'vn tumulte piteux, & de gemirs profonds:
Tout le caué manoir hurle iusques au fonds
Sous les debattemens des femmes perissantes,
La clameur en frappoit les estoilles luysantes,
Et les dames errans parmy ces grands Palais,
Embrassent en effroy les pilastres espais,
Et leur vont attacher des baisers miserables.

Pyrrhus pressé tandis des forces indomtables
Que de son pere il tient: l'huis ne peut l'arrester,
Et les gardes ne sont bastans à resister
Vn belier dru battant la porte en fin terrace,
Et verse les posteaux que hors des gonds il chasse
Voire à force ils se font, l'entree ils faucent fiers,
Introduits la dedans ils tuent les premiers:
Et la maison par tout est des soldats remplie.
Quand le fleuue escumeux a fait vne faillie,
Sa terrace enfoncee, & qu'il a surmonté
Par tourbillons vagueux le rempart obieité,
Cét amas ne s'agitte auec telle furie
Par les champs labourez en la plaine fleurie,
Dont loges & troupeaux il entraine par tout.

Ie vis adonc Pyrrhus, de sang auide & glout,
Au massacre enrager les fils gemeaux d'Attride
Deuers le grand portail: Hecuba Priamide,
Et cent dames pres d'elle, & si vit le Roy vieux
Qui souilloit de son sang par les autels des Dieux
Les feux qu'il dedia il eut par mariage
Cinquante licts chez luy: tel espoir de lignage,
Et ces pilliers encore en riche pompe ornez
De despouilles & d'or sont alors prosternez.

Ce qu'eſpargne le feu le Grec l'emporte maiſtre.
Mais la fin de Priam tu veux ſçauoir, peut eſtre
Quand de ſa ville priſe il vid le triſte ſort,
Quand il vid enfoncer la porte de ſon fort,
Et l'ennemy au cœur de ſa maiſon flambante:
Sans fruict il reueſtit ſon eſpaule tremblante
Par l'aage d'vn harnois long temps inuſité:
Puis le glaiue inutile il ceint à ſon coſté:
Et pour mourir ſe iette en la preſſe ennemie.
Au milieu du Palais, ou ſa face eſlargie
Le ciel deſcouure à plain, vn grand autel eſtoit
Vn vieil laurier voiſin deſſus luy ſe courboit,
Et les Penates ſaincts de ſon ombre il embraſſe.
Hecube autour l'autel ſes pucelles ramaſſe,
(Les colombes ainſi en troupe ſe preſſant
Quand l'orage noircit fondant d'vn vol gliſſant)
Et les dieux embraſſoiết pour leur fraîchiſe vaine
Tout ſoudain que Priam paroiſt deuant le Royne
Armé comme vn ieune hôme: ô miſerable eſpoux,
Et quelle ire des Dieux coniurez contre nous
T'a renuerſé l'eſprit en ceignant cette eſpee?
Où te vas tu lancer? ià l'heure eſt arriuee
Que pour noſtre ſecours inutile eſt l'effort,
Et qu'il ne faut chercher par les armes ſupport,
Non ſi mon Hector meſme y eſtoit en preſence.
Vient prendre en cet autel la commune deffence:
Où s'il ne te deffend, meurs au moins auec moy.
Donc ayant ainſi dit elle l'appelle à ſoy:
Et loge au ſiege ſainct ſa vieillarde foibleſſe.

　　Voicy leur fils Polyte en la prime ieuneſſe,
Du maſſacre eſcoulé que Pyrrhus luy braſſoit:
Les portiques plus longs fuyant il trauerſoit,
Et tracaſſe nauré les grandes ſalles vuides,
Parmy les ennemis & les dards homicides:

Pyrrhus

Pyrrhus au fer meurtrier le poursuivoit ardent,
Ià sa lance le poind,ià ià sa main le prent,
En fin il vient tomber aux yeux des pere & mere
Et dans vn sang à flots repend son ame chere.
Lors iaçoit que la mort teint ia le Roy chenu,
Si ne peut-il pourtant se monstrer retenu,
Sa voix,où son courroux en l'ame il ne reprime:
Ah que pour tel forfait,& pour si lasche crime,
Les Dieux,escria il, te payent dignement,
Et te rendent loyer s'il loge au firmament
Iustice ou pieté, qui de nos crimes pense:
Toy qui la mort d'vn fils me fais voir en presence,
Et le front paternel de son massacre teinds.
Mais l'Achille, ô meschãt,que ton pere tu feinds
Vers Priam ennemy tel ne se voulut rendre:
Car sa main genereuse eut honte d'entreprendre
Sur les droits & la foy qu'au suppliant on doit:
Le corps palle d'Hector il rend au tombeau froid,
Et chez moy me renuoye. Acheuant la parole
Il luy darde ,sans coup ,sa fleche foible & mole,
Repoussee aussi tost par le bruyant airain,
Au plus haut du bouclier elle pendoit en vain:
Ton ame,dit Pyrrhus, ira donc messagere
Reporter ceste histoire au Pelide mon pere
N'oublie à luy conter mon delict sceleré
Et que Neoptoleme a tant degeneré
Tu mourras sans delay prononçant la sentence
Il traine au mesme autel le vieillard tout entrãce
Et là le saboulant au large sang du fils,
La gauche il entortille auec ses cheueux gris,
Et de son autre main hausse la claire espee,
Qu'il luy cache au costé iusqu'au pómeau trépee.
  Tel succez eut Priam de son fatal destin,
Et le sort emporta par ceste dure fin.

Le Pergame à l'enuers, & voyás Troye ardente,
Cil qui fut Roy iadis de l'Asie opulente,
De tant de terres braue, & de peuples submis:
Le grand tronq git au sable, entre ses ennemis,
Le chef tranché du corps qui sans nõ en demeure
Vne perçante horreur me ferut tout à l'heure,
Ie transis esperdu : car de mon pere cher
L'image qui s'offrit me vint l'ame toucher,
Voyant Priam egal en vieillesse blanchie
Par vn coup outrageux palle exaler sa vie:
Et Creuse sans garde, vn Palais dissipé,
Le malheur de l'enfant mon esprit ont frappé.
Pour voir qui m'assistoit, ie tourne alors ma veuë
Ma trouppe m'a quitté deffaillie & recreuë:
Du precipice en bas leurs corps ils ont lancez,
Où iettez dans la flamme offencez & blecez.
Ainsi ie restois seul, quant i'apperçois Helene
Arrestee au manoir de Vesta souueraine,
Tacite elle se cache en vn secret recoin:
Le clair embrasement preste iour au plus loin
A l'œil porté par tout, & à l'errante veuë.
Elle qui des Troyens craint la vengeance deuë
Pour Ilion destruit, & le Grec irrité,
Et qui creint l'ire encor de son espoux quitté,
Elle Erynnis commune à Troye, & sa patrie,
Par les autels se sied & se cache haye.
  Partant vn aspre feu s'allume en mes esprits.
Vn courroux s'y esmeut, de venger mon pays.
De sa subuersion, payant la face Helene:
Quoy donc, disois-ie en moy, cette cysauue &
Mycenes son pays, & Sparte reuerra?   (saine,
Au triomphe gagné Royne elle marchera?
Verra elle vn mary, maison, enfans, & peres,
Suiuie à grand respect des Illiades meres,

                                          Et

Et de noueaux valets, defolez Phrygiens?
Troye fera tandis arfe aux feux Argiens!
Priam occis par fer, & le port Dardanide:
De fang partant de fois fe fera fait humide?
Certes il n'en fera rien, ie fçay que de punir
Vne femme, il ne peut nul honneur reuenir:
Et que telle victoire eft fans loz ou eftime:
Mais fi me lottera on d'auoir puny le crime,
Et d'efteindre vne horreur, puis i'auray du plaifir
D'auoir faoulé l'ardeur de mon vengeur defir,
Et la cendre des miens, pieux, raffafiee.
Ie parle ainfi en l'air, l'ame de rage outree:
Lors que deuant mes yeux, plus qu'onques claire
L'alme Venus ma mere apparut proptemet (met,
Et de pure lueur reffplendit par la brune:
Se declarant Deeffe en fa forme commune,
Comme elle eft grãde, & haute en Olympe ferdin
Elle m'arrefte donc pris de fa belle main:
Puis fa leure de rofe à la voix adiouftee:
Quel creue cœur efmeut ta fureur indomptee?
Pourquoy forcene tu dit-elle. O mon fils doux?
Et ou s'en eft allé le tendre foin de nous?
Penfe-tu point plustoft en quel peril tu laiffe
Ton bon pere Anchifes deffailly de vieilleffe?
Si Creufe furuit, & Afcagne l'enfant?
Les Grecs tout autour d'eux par fcadrõs võt errãt
Que fi mon foin veillant n'y euft fait refiftance
Le feu les confumaft violant à outrance,
Et le glaiue ennemy les euft ia deuorez.
Certes Paris blafmé des Dardanes irez
Où la beauté d'Helene, en vain par toy haye,
Troye de comble en fonds n'ont au feu fubuertie,
Ne mis fa grãdeur bas, c'eft la rigueur des Dieux
Regarde, ie te pri (car de tes mortels yeux

Ie veux toute arracher l'obscure & moëte nuë,
Qui s'estendant autour rebouche ores leur veuë:
Obserue de ta mere vn aduertissement,
Et ne crains d'obeyr à son commandement)
Icy donc où tu vois ces moles trebuchees,
Ou les Libes tu vois des Libes arrachees,
Et la fumee onder grouillante de poußier:
De son puissant trident Neptune marinier
Choque les fondemens esslochez de leur place:
Troye iusques aux pieds il dißipe & terrace.
Iunon epointe icy d'vn aigre mal talant
Tient les portes de Scaé, en fureur appellant
L'ost complice des nefs, au combat appresté,
Sur la plus haute tour vois Palas arrestee.
D'vn celeste nuage esclairante enuiron,
Et de l'œil de Gorgonne, outrageux & felon.
Le mesme Iupiter aux Gregeois aduersaires
Suggere le courage, & les forces prosperes,
Et contre les Troyens suscite les Dieux hauts:
Mon fils fuy-t'en d'escousse & mets fin aux tra.
Ie te conduiray sauf au seiour de ton pere (uaux.
T'aßistant en tous lieux. Ainsi parle ma mere
Et dans l'espesse nuict cache elle rentra.
    L'ire celeste adonc à mes yeux se monstra,
Et les grands deitez sur Troye coniurees.
Et lors certes ie vis aux flammes ætherees
Ilion tout entier se fondre & s'afaisser,
Et depuis le fin fons Troye se renuerser.
Tel se voit quelquefois vn vieil fresne sauuage,
Dehaché par le fer des manans du village,
Qui, pour le degrauer d'vn mont voisin des cieux
A coups de hache drus s'efforcent à qui mieux:
Ca & là ià chancelle, il menace sans cesse,
Branslant à chef secoux sa cheuelure espesse:

                                                    Mais

Mais petit à petit de playes surmonté,
Finalement il geind, & du mont emporté
Il traine vne ruyne, & va charger la plaine.
  Ainsi donc ie descends, & trauerse sans peint
Flammes & ennemis : la Deesse guidant
Les feux se reculoient, les traits me vont cedant.
Mais comme i'arriuay dans cette maison chere,
Tres antique maison, où residoit mon pere,
Mon pere qu'auant tous i'estoi allé trouuer,
Qu'auant tous ie voulois és hauts monts enleuer,
Refuse absolument la grand Troye perie
Supporter vn exil, ny prolonger sa vie:
Vous de qui le sang ieune est vif & plein d'ardeur
De qui la ferme force est en prime verdeur,
O vous fuyez, dit-il, le ciel veut que ie meure
Puis qu'il ne m'a gardé ceste douce demeure:
C'est assez & trop veu d'vne destruction,
C'est assez suruescu la prinse d'Ilion
Donc apres auoir dit les paroles dernieres
Sur ce corps, comme à ceux qui gisent aux brieres,
Partez de ces seiours: l'ennemy me tuera
Meu de compassion: mais nud il me lairra:
La perte au sepulchre à porter est facile.
Hay des immortels, & au monde inutile,
Mes tristes ans i'attarde il y a ià long temps,
Depuis que le grand Roy des Dieux omnipotens
M'ont assouflé des vents de sa foudre volante,
Et touche de son feu. D'vne façon constante,
Fiché sur cet arrest, il prononçoit ce cy.
Moy, Creuse & Ascaigne, & tous nos gens aussi
Nous fondans tout en pleurs prions qu'il ne s'ob-
De vouloir auec luy tirer tout en ruyne (stine
Et ne se iette expres à la presente mort.
Du tout il le desnie, & s'attache plus fort

En son premier dessein, & sa maison perdue.
Sur les armes adonc de rechef ie me rue,
Percé de desespoir mourir ie souhaitté.
Car quel autre conseil ou sort m'estoit resté?
Quoy tu as donc cuidé que ie peusse, ô mon pere,
Porter le pied dehors & te laisser derriere?
De la bouche d'vn pere est glisé tel horreur?
Que si les puissans Dieux ont iuré en fureur
Qu'il ne resteroit rien d'vne ville si grande:
Et si ton dur courage à tel proiect se bande
D'adiouster toy à Troye perissant,
Icy la porte s'ouure au trespas palissant:
Voicy Pyrrhus qui vient la fiere main trempee
Du viel sang de Priam il massacre à l'espee
L'enfant aux yeux du pere, & le pere aux autels
M'as tu donc decharpy des feux & darts mortels,
Pour me faire icy voir, ô ma tref saincte mere:
L'enemy dans ma chābre, & vn vieillard de pere
Ma Creuse a son flanc, & Ascaigne mon fils.
Dās le sang l'vn de l'autre assommez & meuriū
Armes armes, soldats, qu'à l'estour on retourne,
Les vaincus desormais vn dernier iour adiourne.
Rendez-moy sans resource aux Arges animez
Permettez que ie rentre aux combats renflāmez:
Nous ne mourōs pas tous auiourd'huy sās vēgeāce
Lors ie r prends l'espee, & la gauche i'agēce
Au bouclier enlacce, & m'en allois sortant.
Quand ma femme aussi tost sur le sueil se iettāt
M'ēbrasse les genoux, chetiue, & s'y viēt pendre,
Tendant Iule au pere en son enfance tendre:
Si tu vas pour mourir tasū nous auec toy,
Communs en tous perils ; ou certes si tu croy
Pour auoir tenté Mars qu'il y reste esperance,
Cette maison premier t'oblige à sa deffence:

Où tu

Où tu laisse ton pere, où tu laisse ton fils,
Et moy que ton espouse on surnommoit iadis.
La maison elle emplit de sa clameur piteuse
Quand vne chose estrange, & à dire monstreuse,
S'apparoist tout soudain : car aux yeux espleurez :
Et aux bras des parens de tristesse serrez,
Vne viue lueur par ondes est saillie
Du haut sommet du chef de l'enfant Ascanie :
La flamme qui s'espand leche sans detriment
Ses crins pareils à l'or d'vn mol attouchement
Et tout autour du front se repaist & s'augmente,
Nous esmeus à ce coup d'vne frayeur tremblante,
Luy voulons secouër ses flamboyans cheueux,
Et d'eau versee à coup esteindre les saincts feux.
Mais mon pere Anchises hausse vers les estoilles,
De liesse touché, ses deuotes prunelles,
Et sa voix & les mains il esleue à l'æther :
Iette les yeux sur nous tout-puissant Iupiter,
Si tu te peux fleschir par vœux ou par priere :
Cette seule faueur ie te requiers, ô pere,
Et si par pieté nous pouuons meriter,
Vueille nous cy apres de ton aide assister,
Et tout cecy confirme. Il acheuoit à peine   (ne :
Que la foudre à main gauche eut esclatté soudai-
Et vne estoile aussi glisse du ciel luisant,
Qui parmy l'ombre obscur vn flabeau côduisant,
Auec grande lueur prend sa course glissante.
Cest astre on vid apres pencher à la descente
Sur le toict du manoir & puis vif & serain
Il s'absconse au bois d'Ide en marquât le chemin :
Lors d'vne longue trace vn clair sillon s'allume,
Et le large enuiron d'odeur de souphre fume.
 La mon pere vaincu se tourna vers les cieux :
Adore le S. astre, & parle aux puissants Dieux :
                                    Marchons

Marchons, marchôs, mon fils, ie n'attarde la fuite
Par tout où tu voudras ie suyuray ta conduite.
Dieux iadis protecteurs de ce triste pais
Gardez cette maison, gardez mon petit fils:
L'augure viêt de vous, entre vos mains est Troye.
Ie te suiuray mon fils, ton desir ie t'octroye.
Comme il disoit cela desia l'embrasement
S'entend par la cité bruire plus clairement,
Et nous roüoit plus pres des bouffees ardentes
Sus donc ie soubmettray mes espaules constantes,
Viens-t'en, ô pere cher, à mon col te charger:
Et certes ce labeur me semblera leger.
Le peril, quoy qu'il viêne en cômun soit côtraire,
Commun soit le salut à l'enfant & au pere.
Iule à mon costé nous accompagnera,
Et ma femme apres nous mes pas obseruera.
Quand à vous, seruiteurs, escoutez mon entente.
Au sortir de la ville vn tertre se presente,
Là de Ceres deserte vn vieil temple est dreßé,
Tout contre est vn cipres planté du temps paßé,
Par la foy des anciens honoré tant d'annees.
Nous descendrons tous là par voyes separees.
Mais prends mon geniteur les reliques en main,
Et les Dieux du pays: car venant tout soudain
D'vn côbat si terrible, & d'vn sanglant maßacre
Licite il ne m'est pas de toucher chose sacre,
Que ie ne sois purgé dedans le vif ruißeau.
I'affublay, cela dit, d'vn roux lion la peau
Deßus mon col subiect, & mon espaule large;
Et me sousmets allegre à ceste douce charge:
Mon Iule petit à ma main s'aherdit,
Et de pas inegaux son pere il me suiuit.
Ma femme vient apres, & couuerts des ombrages
Prôpts nous no° desrobiôs par ces obscurs paßages
Et

Et moy qu'vn peu deuãt ny les traits, ny les darts
Ny les scadrons espais des opposez soldats
Ne peurent estonner, le vent m'efraye à l'heure,
Le moindre son m'attere, & suspends ie demeure,
Pour ma suitte & mon faix craintif ensêblement,
Or les portes desia i'approche heureusement,
Toute la voye adonc me sembloit eschappee:
Comme dedans l'oreille, en vn instant frappee,
De plusieurs vistes pieds nous sêble ouyr vn bruit
Et mon pere estendant son regard en la nuiĉt:
Ah mon fils les voicy, fuis, dit-il, fuis habile,
Ie voy les boucliers ardre, & l'airain qui scintille
Quelque Dieu mal-veillant rauit là mon esprit
Tout confus & troublé, d'effroy qui me surprit.
Car comme ie sortois de ces traces cogneuës,
Et suiuois en courant les sentes plus perdues,
Las miserable moy ie perdis Creusa!
Et ne sçay si lassee elle se reposa,
Si le sort la rauit, s'elle fut esgaree,
Mais depuis à mes yeux elle ne s'est monstree.
Et ne tournay la veuë, ou l'esprit esperdu,
Sur sa perte, ô malheur, qu'apres m'estre rendu
Au temple ancien de Ceres, & sa maison sacree:
Là donc tous rassemblez, seule elle est adiree,
Fraudant son fils, sa treupe, & son mary pieux.
Qui n'accusay ie feu des hommes ou des Dieux?
Où que vis ie plus grief en Troye subuertie?
Nos Penates, mon pere, & mon fils Ascanie,
Ie recommande lors à mes tristes amis,
Et au creux du vallon en cache ie les mis.
Quand à moy ie retourne à la cité bruslante,
Et suis tout reuestu d'vne arme estincellante,
Ie me suis resolu tous hazards retenter:
Ie veux la ville entiere encor reuisiter,

Et en

Et encor' oppofer à tous perils ma vie .

Or les murs en premier , & la porte obfcurcie
Par ou i'eftois forty, regagnerie m'en vois:
Les pas que i'ay tracez par la nuict i'obferuois,
Et les fuys contremont, iettant par tout ma veuë:
La folitaire horreur, là par tout recoguuë,
Et le mefme filence effraye mes efprits.
Mon chemin de ce pas en ma maifon ie pris,
Voir fi paraduenture elle euft repris fa route:
Les Grecs s'y font iettez & ia l'occupent toute,
Soudain au fefte hault, le feu vif & gourmand,
Se void tourneuiré par le vent vehement:
La flamme furpaffoit, l'ardeur en l'air forcene,
Chez Priam par aprez , mon deffein me ramene,
Et reuois le Chafteau ia l'Itachois felon,
Dans les portiques longs, Afile de Iunon,
Auec Phenix le vieil, commis gardoient la proye.
Là s'amaffent par tout les grãds trefors de Troye
Par les temples bruflez, mis au fac impieux:
Les couppes d'or maffif, les tables de nos dieux,
Et les habits pillez. Les enfans imbecilles,
Et les femmes y font rengez a langües filles.
Ayant mefmes ofé reprendre en l'air des cris,
De mes vagues clameurs, tous ces lieux ie rêplis:
Et d'vne voix encor, vainement redoublee,
I'ay Creufe, dolent coup fur coup appellee.
Tant que cherchant fans fin, de fureur agité,
Par toutes les maifons de la vafte cité
L'ombre de Creufea, plus grand qu'elle viuante,
Et l'efprit miferable à mes yeux fe prefente,
Ie tranfis a l'inftant , mon poil eft heriffé,
Ma voix fe pique, morte en mon gofier preffé:
Quand elle parle ainfi, & mes foucis confole:
Que fert fe trauailler d'vne entreprife folle.

O doux

O doux & cher mary ! ſans le vouloir des Dieux
Tu ne verrois en moy ce ſuccez odieux:
Tirer d'icy Creuſe il n'eſtoit pas licite:
Quelque autre deſtinee au ciel luy eſt preſcrite.
Tu dois bien longuement porter l'exil amer:
Il te faut ſillonner de grand's plaines de mer:
En fin tu paruiendras à la terre Heſperie,
Où parmy les gras champs d'vne gent aguerrie
Le Tybre Lydien va doucement flottant.
Là tous biens te ſont preſts, vn regne t'y attend,
Et vne eſpouſe auſſi d'anciens Roys heritiere.
Or dechaſſe les pleurs de ta Creuſe chere:
Mes yeux ne verront point les Palais Myrmidős,
Ny des Dolopes fiers les ſuperbes maiſons:
Et n'iray point ſeruir les dames de la Grece,
Moy ſang de Dardanie, & de Venus gendreſſe
La grand mere des dieux m'arreſte en ces ſeiours.
Adieu donc mon amy & conſerue touſiours
A noſtre commun fils ton amour paternelle.
L'ame acheuant ces mots, m'abandonne cruelle,
Comme de mainte choſe en pleurs ie veux parler,
Et s'eſcarte, ô douleur, dans le mince de l'air.
I'eſtendis par trois fois vne tendre braſſee,
Pour enſerrer ſon col, mais en vain enlacee,
L'ombre ſe vid trois fois de mes mains eſcoulant
Semblable aux vens legers , & au ſomme volãt.
    La nuiĉt paſſee, en fin ie vois reuoir ma bande,
Vers elle eſt affluee vne trouppe treſ-grande.
D'aſſociez nouueaux, leur nombre i'admiray:
Vn amaz de ieuneſſe à l'exil preparay,
Hommes, femmes encor, miſerable vulgaire.
Là donc de toutes parts ſa retraiĉte il vient faire
Et de cœurs & de biens, s'offre à me ſeconder,
En tous lieux où par mer, ie le voudrois guider.
                                                    Or

Or ia l'astre *Venus* sur les hauts sommets d'*Ide*
Commençoit à surgir, ramenant l'aube humide.
Le *Grec* dans chasque porte, est en garde câpé,
Tous espoir de secours à nos maux est couppé
Ie cede donc chetif au destin qui me domte,
Et mon pere enleue sur le mont ie remonte.

BO V

BOVQVET POETIQVE,

OV MESLANGES,

Paſtorelle pour vne Princeſſe abſente
de Monſieur ſon mary.

Auant-propos, à elle meſme.

Le ciel n'arma Iupin contre l'archer ſans yeux,
Ny la force Hercules, ny Ceſar la hauteſſe,
Ne luy plains ta deſpouille, ô royale ieuneſſe,
S'il l'appéd en ſon temple entre celle des dieux.

Cleophile au midy, d'vne iournee ardente,
Verſoit ſur ſon beau teinct, mainte larme dolête:
Gardant au gras Paſtis, ſon camuſet troupeau,
Sous l'ombrage fueillu d'vn large eſpars ormeau
Seule, ſeulette helas! car ſon ame gemelle,
Son Cleophon, ſon cœur, n'eſtoit point auec elle.
Trois fois du roſſignol, l'Aube eſcoutoit les chants
Ses brebis trois matins, elle auoit mû aux champs,
Le fuzeau par trois iours rendu plain à ſa mere,
Sans voir d'vn œil rauy ſa douce alme lumiere.
Seule, ſeulette donc, parmy ces lieux ſeulets,
Exaltant de ſon ſein maints ſanglots froidelets.

Quoy

Quoy seroit-il perdu, disoit elle, alanguie:
Champs ou est Cleophon? où cachez vous ma vie?
I'ay sans crainte des loups, parcouru tous ces bois
I'ay rempli les forests de ma dolente voix,
Cleophon, Cleophon, viens à ta Cleophile:
Soit qu'vn cerf ou vn dain tu poursuiues agile
Reuiens ô leophon, tu courras trop, mon cœur:
Ou b.en si tu t'obstines à triompher vainqueur.
Attends moy quelque peu, ie te suiuray soudaine
Afin que quand ton sein haletera de peine
Ie reçoiue en mes bras tendrement enlacez
Ton chef au mol repos, & tes membres lassez.
I'essuiray de mes crains, ton front & ta poitrine
Et si courant sans soing quelque cruelle espine
Ta peau douce & pollie auoit osé piquer,
Maint remede certain i'y sçay bien appliquer.
Las Cleophon reuiens, l'amant d'vne deesse,
Comme il chassoit au bois, en sablon de ieunesse,
Fut dechiré dit-on, d'vn terrible animal.
Que si la deité ne peut chasser ce mal, (tes?
Qu'y feroient tous mes pleurs, qu'y feroiét mes cōplain-
*   I'ay fureté en vain & les cauernes sainctes,*
Et les antres obscurs de nos dieux bocagers!
(Quoy si i'eusse trouué les syluains piedz legers)
Car Damon me contoit, que ses vieilles grands meres
Luy disoient que iadis les Nimphes bocageres
Ont seduit par amour les bergers mieux appris,
O Pan s'il estoit vray, mon Cleophon est pris,
Car tel qu'est le cheureil, entre les ours Stupides,
Tel qu'est le gay daulfin sur les poissons humides,
Et tel qu'est mon rosier aupres du vil moron,
Tel entre les Pasteurs est vn seul Cleophon.
Mais las! ioly rosier, cherche vn autre maistresse,
Ton soing s'espard aux vens auecques ma liesse:

Ie

Ie n'arrouſeray plus ton verd tige au matin:
Ie ne laueray plus mon col ny mon tetin,
De la douce rouſee où vit ta fleur d'eſlite.
Ne pleurez plus, ma ſœur, ie le vous rends petite.

Non, les Nymphes des bois, n'ont pas ſeduit mon bien
Leur art, bien que diuin n'euſt ſçeu tromper le mien
Dalinte l'autre iour amoureuſe ſubtile,
Prenoit de mon amy la dextre trop facile,
Et dans ſes chaudes mains longuement la preſſoit
Feignant qu'en chiromance elle ſe cognoiſſoit:
Apres elle accouroit, & s'eſcrioit meſchante,
Qu'il luy tiraſt du dos vne beſte rampante,
Gliſſee en ſon colet, dormant ſur ce chemin:
Et courbe à col panché beoit apres ſa main:
Mais ſoudain cautement ie deſcouuris la feinte,
Et luy dis en pleurant: arreſte toy Dalinte
I'aduertiray ta mere, & oncques puis n'oſa.

Parce qu'il me diſoit, que mon œil l'embraſa
Dés le iour qu'il me vid d'vne flamme nouuelle:
I'ay penſé qu'en ces eaux à la ſource eternelle,
Pour eſteindre ſon feu peut eſtre il ſe baignoit.
Mes crains ie iette arriere, ainſi qu'on me peignoit,
Et cours vers la riuiere, au vent eſcheuelee,
Ie preſſe des genoux ſa bourdure foulee,
Puis des mains à chef courbe, & perce l'eau des yeux
Mais rien n'appert au fonds, de ce fleuue ennuyeux
Fors vn ombre ondoyant, qui palle, & de pleurs molle
En pitié me regarde, & pour moy s'en deſole,
En fin que n'ay-ie fait pour deſcouurir helas
Mon amy recouuert, & l'eſtreindre en mes bras:
Et dans mon ſein encor mon amour i'ay cherchee:
Car m'ayant dit par fois qu'au ſien i'eſtois cachee,
Qui ſçauoit ſi au mien il ſe cachoit par ieu?
Là meſme il n'y a rien qu'vn poignant petit feu.

Reste donc deformais, ô douces brebiettes,
Que blefme ie trefpasse & vous laisse seulettes:
Vn Cleophon present Cleophile auiua,
Cleophile se meurt si Cleophon s'en va.
Qui sçauroit plus deffendre, ô trouppe desastree,
Vous agnelets des loups sous la brune seree?
Qui m'essuiroit amy les larmes de sa main,
Lors que le pere mien me rudoye inhumain?
Qui s'en viedroit aux châps, quãd ie dors mole & lasse
Couurir mon teint de fleurs qu'vn hasle ne l'efface
Et qui prendroit le soing qu'on me vist au balet
Le lacet mieux croisé, ny le plus blanc colet?

Las, miserable moy! comme il reuint n'a guere
D'emporter le verd prix de la course legere,
Ou comme il reuint fier triumphant des lucteurs,
Tous m'acclamoit heureuse, & ces ieunes pasteurs
D'auoir vn tel amant me iugeoyent plus aymable
Tentans ma loyauté, mais ils contoyent le sable.
Donc où est-il mon Dieu? mon Dieu, qui me l'a pris
Sur l'amy de mes sœurs iamais ie n'entrepris:
N'a t'on pitié de moy? i'ay bien pitié d'vn autre?
La licence est d'autruy, la penitence nostre:
On m'emble Cleophon, ô douleur, ô pitié,
M'ayant faict espouser sa tref-sainte amitié:
Ie ioints nos mains d'vn nœud, que la mort ne deslie
Viz heureuse (a-il dict) Cleophile est m'amie,
Que si la pieté regnoit au ciel astré,
La cache qui le cele ouuerte il m'eust monstré:
Lors les tenebres pieds-nuds, la cotte delacee,
Ie courrois le raur, fust-ce en l'onde glacee,
I'y courrois par la nuit sans peur des loups-garoux:
D'vn pere rigoureux mesprisant le courroux.

Tandis rien ne respond, & la nuict est venuë,
Tu m'escoute en pitié trouppelette esperduë,

Tu besle tendrement,& de ce mol lescher
Tu me flatte les mains pour te mener coucher:
Allons petits agneaux, tant qu'vn iour nous rassemble
Pastoralle,& pasteur,vous perdez tout ensemble.

Pour elle mes-me.

*V*N *matin Cleophile,& Cleophon pres d'elle,*
 Seoyent sous le couuert de la rose nouuelle.
Quel feu ce disoit-elle,à mon sang consommé?
Quelle nouuelle flamme à mon sein allumé?
I'ay las pour l'exeller ma cotte delacee.
I'ay couuert,Cleophon,ma chemise plissee.
Degraffé mon collet,tout cela sans effect.
I'ay pour me refraichir,humé du nouueau laict,
De chicoree en vain i'ay prins l'amer bruuage:
Mais encore Lycon regardant mon visage,
Y rid quelque finesse & s'en mocque malin.
L'œil de la vierge adonc de pleurs & de feux plein
Honteux baisse ses raix dont plus doux il le baise:
Que fais tu Cleophon,tu r'auz ma braise!
Quoy si Ieanne la Fœ au visage blesmy,
(Mais Dieu qui te soupçonne a si cruel amy!
M'a dit que quand premier ie te baisay peu fine
Tu versas ce orage en ma tendre poitrine?

Pour la mesme Princesse.

*E*Sbat du gay Prin temps,gentile Philomele,*
 Soit que tu sonne aux bois ton ancienne querelle
Soit que te souuenant d'auoir eu quelquefois
Les yeux ainsi que moy,la perruque & la voix:
Pieuse à ta compagnie,en ta douce lette ame,
Tu l'amente aux forests les soucis de ma flamme

Essars

(*Espars au mol sifflet de tes gresles souspirs,*
Comme la fleur s'espard, iouet aux doux Zephirs
Lors que des arbres veufs voletant esgaree,
Elle émaille en Auril la plaine bigarree)
Si tu veux que ie viue, ô rossignol mignon,
Va ietter cette lettre au sein de Cleophon.
Mais ne luy conte pas ma langueur miserable:
Car s'il pleuroit humain au recit pitoyable,
Venus en mon absence iroit lauer son sein
De ses pleurs crystalins: cela n'est deu qu'au mien
Que si tu vois quelqu'vn dont la dure prudence
Reprenne ma foiblesse à supporter l'absence.
Race de Pandion, prie à ce rigoureux
Qu'il nous pardonne vn peu tant qu'il soit amoureux.

SONNETS.

A Madamoyselle de Longueuille, qui luy commandoit d'escrire.

A Cet esprit sans art, & de soucy blessé,
 Tu commandes des vers, Princesse Catherine
Pour te vanter d'auoir, comme Muse diuine,
D'vn cil d'œil fauorable vn Ascrean dressé.
  Versant donc ta fureur en mon sein eslancé,
Dis moy Muse au beau chant ta superbe origine,
Les victoires des tiens ou l'oubly ne domine,
Cent trophez sous l'Auster, & cent au Nord glacé.
  De ton sçauoir apres ie bruiray la louange:
Et quoy ton beau parler, & le sousriz d'vn Ange?
Ou le royal honneur qui luit en ce front plein?
  Mais pour te celebrer d'vne Ascreane veine,
Plonge moy dans ta grace au lieu de l'Hypocrene:
Ie ne vis que d'amour, la grandeur n'y peut rien.

A elle

A elle mesme.

VN esprit genereux, vn magnanime esprit,
 Qui ne sçauroit brusler que d'vne illustre flame
Mesprisant pour oser des peuplaces le blasme,
Hardy te fait l'amour, ô Vierge, en cet escrit.

 Desia ton œil affable, & ta bouche en sourrit:
Le vœu d'vn bel esprit n'offence vne belle ame.
Si pacifique donc ton nom Grec se reclame,
Rends la paix, Catherine ; au desir qui l'eprit.

 L'vn poursuit ta faueur, l'vn requiert ta richesse
L'autre ton haut Hymen quand ta beauté le blesse
Moy ton cœur ie recherche encor plus precieux.

 Ne dedaigne à m'aymer, ô Princesse Royale,
L'epris d'vn mesme amour Melpomene aux beaux yeux:
C'est honneur que d'auoir la Muse pour riuale.

Vœu du Cadet de Gournay à vne Dame.

BOniour flêches d'amour , & d'Amour art &
 flamme,
Ie te vouë vn soldat & vn beau seruiteur,
Quand l'espee à mon frere & le pigne à ma sœur
Ie sçauray manier, ô ma gentille Dame.

Pignore encor ce Dieu qu'on dit rauir nostre ame,
Mais ie fris qu'vne main de tendrette blancheur,
Eniouee au menton de ma ieune vigueur,
En son cotton vn iour des lacs d'amour retrame.

 Tu ris d'vn tel amant page malicieux:
Quoy si ià ton miroir me dit que i'ay des yeux?
Le Cadet de Gournay enfant ainsi se iouë:

 Et Cupidon aupres qui escoute cela;
Pareil à luy de taille, & de front, & de iouë,
Sourrit petit sinet trepignant çà & là.

       F   Le

Le Proumenoir de

Le mesme, sur les nopces du sieur du
Chesnay & de Madamoiselle
de Villiers.

LE iour riant, Villiers, que l'on te mariera
Blondelette au Chesnay, chasse le Prestre arriere
Le dieu d'Amour, & moy de plus gente maniere
Voulons nouër le nœud qui contens nous liera.

L'Amour de sa double aile vne mitre fera,
De son bandeau l'estoille, & des traits le breuiere,
Son flambeau l'aspergez, l'anneau son arc seuere,
Et son doré carquois le benetier sera.

Moy diacre nouueau d'vne tunique braue,
Respondray mot à mot à cet Euesque graue:
Puis frisant vn sourris i'applaudiray en fin
Quand Venus dans neuf mois mere te voudra rendre
Enfante moy, Villiers, vne maistresse tendre:
Qu'elle aime mes beaux yeux, i'aymeray son tetin

A Monsieur de Montaigne sur les Essais.

TOut ainsi qu'vn bel astre hôneur clair de la nuict.
Qui sent l'alme Soleil ia poindre à la saillie
R'allumant toute en soy toute sa vigueur recueillie
Esclatte vn vif esclair, puis à chef bas s'enfuit.

Ainsi la France helas, dont ia le bucher luit
Pour seruir d'vn Mausole à sa cendre noircie:
R'animant à ce coup ses esprits & sa vie,
A chef d'œuure dernier entre nous t'a produit.

Toy qui par la beauté des Essais admirables
Non veu, loin de ma terre, en lieux inabordables,
Me rauis dés le bers l'ame & la volonté:

Mon pere permets moy qu'en sa carte immortelle
I'engraue icy ces vers qui s'eternise en elle:
Montaigne escrit cecy, Iupiter l'a dicté.

Pour

Pour vn poursuyuant de mariage.

Vx tombeaux de nos Rois où la France surmonte
D'ample richesse & d'art, ce qu'Egypte eut de
Ma douce liberté morte print son tombeau,　　(beau,
Quand premier vn passant tes graces me raconte.

Ie cuidois que l'enfant qui regne en Amathonte
Parmy les trespassez n'exerçast son flambeau:
Pauuret qui ne songeois qu'il passe sans batteau
Le noir fleuue de Styx où leur Dieu mesme il donte.

Quel presage est cecy deuenir amoureux
Entre les os des morts, & les tombeaux pierreux?
Est ce que de ce coup, ma fin se doit ensuyure?
I'entends (Amour surrit) ce bel œil me tuera,
Mais ma sœur au beau sein mon sort ne pleurera
Mourāt comme vn Phenix pour plus heureux reuiure.

Sur l'image de nostre Dame de Liesse.

I'Ay veu flamber ses yeux infus d'alme douceur
La rose de sa iouë espanit de liesse:
Rauie elle ne sçait quand son fils la caresse
S'elle doit l'adorer, ou l'embrasser d'ardeur.
L'Ange au vif la peignit quand la More grandeur
Sceptre, & genoux, par terre accueillit sa hautesse
Lors que l'astre monstra. glissant à longue tresse
Sous vn tendre enfançon du grand monde l'autheur.

Ange que n'as tu peint sous sa plante gemele
Le croissant arrondy de la Lune eternelle?
Et couronné son chef des astres radieux?
Pourquoy le beau Soleil profond de flamme ardēte
N'espend-il tout autour sa lueur ondoyante?
Elle porte en l'enfant Soleil, Astres, & Cieux,

Le Proumenoir de

Tombeau des Sieurs de Bertin Magistrat.

LE grand Prestre de Thrace au luth harmonieux
Ranimee attira des enfers Euridice:
Elle pour voir l'Olympe, au iour deux fois nouice
Clochant d'vn pied blecé suit l'amant soucieux.

Ne cuidez pas ainsi, ô citoyens pieux,
Rappeller vos Bertins par vœux ne sacrifice:
Car les Iuges sacrez qui font droicte iustice
Sont reseruez la bas aux delices des Dieux.

Sous le profond silence & le froid de la terre,
Pierre helas gist icy, Iaques Anthoine & Pierre:
Pierre à qui pour cercueil Themys, deuoit son sein.

Iustice aux cieux fuyant pour l'humaine insolece
Leur traça ce tombeau du fer de sa balance:
Mille ans ains que la Parque eust ourdy leur destin.

Sur les miseres de la France du iour de Pasques fleuries 1579.

TOy qui pour déliurer les ames gemissantes
Le flanc sanglant encore & le fronc palissant
Frappant de la grand'croix le portail noircissant
Fais voir l'enfer patent aux estoilles tremblantes

Soit que là mille esprits tressaillans à tes plantes
Succent le sang vermeil d'ou sort le clou perçant,
Soit qu'au subit esclair de ton chef splendissant
Ils poussent l'Hosanna dans les Spheres brillantes

O race alme diuine, ô gloire des hauts cieux
Detourne deuers nous vn doux ray de tes yeux:
En France est Israel comme aux tymbes profondes

Son iour est arriué son grand iour perilleux:
Rendis-tu point ce bras dont l'effort merueilleux
Retrograde vn Soleil, & pend en l'air des ondes?

Sur

Sur le chiffre d'vne double L. pour
des futurs mariez.

IE deuois tomber mort lors qu'vn aſtre enclin
M'embla l'alme faueur de tes douces œillades:
Preſſe tes pleurs Niobe, ains mes yeux plus malades
Te fourniront de pleurs à gemir ton deſtin.

   Amour qui fais tes feux des glaçons de ſon ſein,
Et ton arc deſſourcils aux brunettes arcades,
N'en tarde plus (moy loin) ne flammes ne flechades
Ie ſuis digne tout ſeul de mourir de ſa main.

   Tandis aſſeure toy maiſtreſſe ie te prie
Que puis qu'à ton autel i'ay conſacré ma vie
La conſtance en mon cœur abſent fera ſeiour.

   L'L qui ioint Louys & Leonore enſemble
N'eſt vn ſimple element dont leur chiffre on aſſemble
C'eſt l'aile dont on vole au paradis d'Amour.

HYMNE A L'ANGE
S. Michel.

STROP.

TRaçons vn hymne de renom,
  O Muſe ma douce compaigne,
Au bel Ange qui de ſon nom
Eſtrena le tref-grand Montaigne:
Puis le darde au Tage doré,
Et où Phœbus ſe mire au Gange,
Haut ſonnant le nom honoré
Du grand Montaigne & du bel Ange.

ANTIST.

Ià trembloyent les ſupremes cieux
Par l'ancienne guerre traiſtreſſe,
Que Lucifer ambitieux

Trame à la deité maistreſſe:
Il ne ſçait pas fol belliqueur
Que ſa punition funeſte
Rendra Michel braue vainqueur
A iamais chef de l'oſt celeſte.

EPOD.

Quelle forte voix d'airain
L'horrible eſtour ſcaura bruire
Par qui l'Ange ſouuerain
Des Dieux releua l'empire?
Le ciel paroiſt retrecy
Sous double armee infinie:
L'eſclat de Mars endurcy
Aſſourdit ſon harmonie.

STROP.

Triomphe ! l'ennemy s'enfuit
L'Ange bat l'eſpaule tremblante:
Et ià la lance qui pourſuit
A ſi grande victoire ardente,
D'vn coup de roideur eſlancé
Le precipite au profond gouffre:
Le trac qu'au choir il a tracé
Flambe d'vn feu fumeux de ſouffre.

ANTIST.

Embouche ô Paix l'aigu clairon
Et ſouflant à iouë esbouffee
Crie en l'vn, & l'autre, Oriſon
Qu'on dreſſe à l'Ange vn haut trophee.
Briſez le ſanglant coutelas
L'alme Paix remonte en ſa gloire:
Michel a finy les combats,
Et gaigné l'illuſtre victoire.

EPODE.

Qui enta ce maſle cueur

Au corps poly de tendreſſe?
Qui mit au bras la vigueur,
Et ſur le front la molleſſe?
Où comment le ſang encor
De cil qui domta rebelle,
N'a-il ſouillé ce poil d'or
Ou la blancheur de ſon aille?

STROP.

Ne chantez plus d'vn vers aiſlé,
Muſes, les victoires bruyantes
Que Bacche & ſon oſt affolé,
Rauit dans les Indes bruſlantes
Ne ſonnez les champs Plegreans
Ou Iuppiter d'vn ardent foudre,
Infondit les os des Geants
Diſſoux, en la grouillante poudre.

ANTIST.

Chantez le deliureur des cieux
Courbez ſoubs l'aſpre tyrannie.
Chantez du Soleil radieux
La face de ioye eſpanie.
Chantez que le Pole qui dort
Incognu dans l'eau qui ſurnage,
D'aiſe s'eſleua ſur le bord
Pour voir le vainqueur au viſage.

EPODE.

Heros qui veux triompher
Des victoires les plus grandes,
Fais en tes fanons porter
L'Ange ondoyant ſur tes bandes:
Et ſi, comme on dit les Grecs,
Cent mondes au vide pendent,
Que cent mondes, peinds aupres,
Cent Hecatombes luy rendent,

F 4　　　　　　　STROP.

STROP.

Viens ancien Briare à cent bras
Michel au fier combat t'appelle.
Gerion fuit, & n'attend pas
Ce fer qui vainqueur estincelle.
Venez ô superbes Geants
On attire icy l'arrogance:
Au sang de vos gosiers bruyants
L'Ange tiendra sa forte lance.

ANTIST.

Michel tramant d'vn beau dessein
D'illustrer la Gauloise terre,
Quitte vne fois le ciel serein,
Et glisse aux airs d'vne longue-erre:
Phœbus soubs luy foudre le void,
Et bien qu'il le frappe derriere
L'ombre deuant luy ne vouloit,
Car son corps flamboit de lumiere.

EPODE.

Il vint son vol allenter
Ou la douloureuse mere
De Montaigne, à l'enfanter
Lucine inuoque contraire:
Au iour s'esclost l'enfançon:
L'air fuma d'ambre & de basme.
Et l'Ange luy fait vn don
De son nom & de son ame.

Ode au Sieur de Brach, sur le tombeau d'Aymee sa femme.

ORes que tout trempe de pleurs,
Tu dresses vn Mosole à Aymee,
Couronnant d'immortelles fleurs,

Sa cendre en tes chantsr'animee:
Mon deuoir, ô Brach, ie ne suis
Si à son digne & pur merite,
Et à la foy dont tu reluis,
Ie n'appends cette offre petite.

Mais par ou dois ie commencer?
Ie n'iray, loüant ses mœurs sainctes,
Sur le front de mes vers brasser
Vn nouueau subiect à tes pleintes:
L'Olympe, l'Isthme, & leurs combats
Ont besoing de ces haulx poesmes:
La vertu ne les requiert pas,
Son ornement vient d'elle-mesmes.

Prenons d'vn voile blanc l'atour,
Pour gemir ton esteincte flamme:
Plourons la ieunesse & l'amour
Qui n'a peu sortir qu'auec l'ame:
Ains s'elle à deuant toy passé,
C'est son heur: & le sage enuye
Pour ne voir l'amy trespassé,
D'accourcir son amante vie.

Sa mort tandis est vn meschef,
Mais nostre course desastree
N'est rien qu'vn passage si bref
Qu'il ne marque issue ou entree.
L'homme naist en la mort plongé,
Le naistre termine la vie:
Et qui plus loing est prolongé,
Que les destins il remercie.

Vray est, que si rien est pressant
D'vn amy pressante est la perte:
Et celuy qui ne la ressent
Comme vne roche au flanc couuerte.
Mais encor ses enfans perdus

F 5   Niobé

Niobé mangea Tantalide,
Et ſur tant de pleurs eſpandus
Son œil languit au ſomne humide.

 Puis elle ne meurt qu'à demy,
Le cher ſang renaiſt en ta race:
Son cœur bat dans ton ſein amy:
Et des cieux l'ame encor t'embraſſe.
Tu plains helas que ce beau corps,
Pallit en la tombe deſerte:
Mais l'Aurore auſſi plaint les morts,
Et Phœbus double & triple perte.

 Tout ce qui s'eſt peu perdre, eſt gain
Veu le mal-heur du triſte monde:
Et ce qui peut pis eſtre, eſt bien
Veu la miſere ou l'homme abonde.
Quiconque abiſme aux flots amers
Il ne faut que les Dieux il blaſme,
D'auoir ſon tombeau dans les mers,
Heureux qu'il ne l'ait en la flamme.

 Heureux donc n'accuſe ton ſort
En tes baiſers elle rend l'ame,
Dilayans le froid de la mort,
Par la viue ardeur de leur flamme.
Heureux qu'elle a conſolé ſien?
Heureux qui reclos ſa paupiere:
Heureux, ô Brach qui n'obmis rien,
Au dernier honneur de ſa biere.

 Ainſi Himette aux bois plaiſans,
Le beau feu de la blonde Aurore,
Sur l'Auril de ſes ieunes ans,
Perdit bien ſa Procris encore.
Quand le traict au flanc attaché,
Chaſſant la vie adoleſcente

La belle, vn sanglot arrache,
Luy dit à voix exile & lente.

Ie m'en vais, adieu mon amy,
Ce chaut baiser hume tes larmes:
Laisse au coup ce dart ennemy
Sans fruict contre les Dieux tu t'armes.
Adieu l'ame clarté du iour,
I'abisme aux tenebres épesses:
Adieu mes beautez & l'amour,
Adieu tes yeux & tes caresses.

Mais (soyent mes soupçons sains ou faux)
Cette Aure à mon bien ne succede:
Si iamais ie t'euz rien de doux,
Mon ombre apres moy te possede.
Tandis greslette ame à bas
Des hommes & dieux estrangee,
I'egareray mes douteux pas,
Cachant ma playe au sein figee

Ce mot foiblettement gemy
L'œil s'esteind, & pasle elle reste:
Et ià le petit pied blesmy
Luy frissonne en l'onde funeste.
Que feras-tu pauure perdu?
Maudiras-tu l'Aure meschante?
Vas-tu briser l'arc detendu?
Ou te pasmer sur la mourante?

Trois iours infus sur ce beau corps
Il couuoit la mort & ses peines,
Que sa mere à cheueux detors
Le court haletante en ces plaines,
Dés qu'elle apperçoit ce meschef,
Es-tu là mon fils, ma lumiere,
Trois iours sans lauer ce blond chef?
Trois iours sans embrasser ta mere?

Reuiens

Reuiens , reuiens, mon doux foucy,
Ta fœur te braffe vn bain de rofes:
Ie rompray ce faux dart icy,
Dont tant de douleurs font efclofes.
Il faut r'affaillir les forefts
D'vne meutte en abois bruyante:
Ces bois feront enceinds de rets,
Attrapons la befte fuyante.

Ode du Cadet de Gournay , fur l'œil verd, contre deux Chanfons faites l'vne fur l'œil noir, l'autre fur le bleu.

L'Vn veut que l'œil bleu foit plus beau,
L'autre dit que l'œil noir excelle:
Mais Amour gifant fans bandeau
Bleffa du verd Pfyché la belle.
Lors qu'Hebe le Printemps rauit,
L'œil verd en partage il luy donne:
Dont Flore au zephir t'afferuit,
Pour auoir la verte couronne.
Amour volcit entre les Dieux,
L'aille de changeant bigarree,
Mais depuis qu'il veid ces beaux yeux,
De verd il la porte parée.
Dans le verd l'efpoir rit toufiours :
C'eft pourquoy l'œil verd d'vne fille,
Le mol paradis des amours
Nous fait efperer quand il brille.
Si de bleu le ciel eft orné
Verte eft l'Iris de fa grand couronne.
Phœbus de verd eft couronné:
Et de verd l'Athlete on guerdonne.
Qui peindroit, Amour , tes rigueurs

Doit peindre vn œil verd qui s'aigriſſe:
Qui peindra tes almes faueurs.
Peigne vn œil verd qui s'adouciſſe.

    Nous apprenons de Cupidon,
Que l'œil verd les autres ſurmonte,
Alors que le grand Cleophon,
Sous l'œil de Cleophile il donte.

    Prend ô ſoldat de Cupidon
Ce mot en ta guerre gentile:
Viue le feu de Cleophon,
Viue les yeux de Cleophile.

Sur vn Charles aueuglené, ioueur d'Epinette.

M *Arie afin que pluſieurs iours,*
    Sa ſœur & ſa compagne parle,
Des tendres, & douces, amours
Qu'elle porte au ſomne & a Charre:
Elle va tracer ces vers francs,
D'vne aiguille, en leurs voilles blancs.

    Le ſomne eſt plus aimé de nuict
Quand flateur ſes ſoucis il charme:
Charle eſt plus cher quand le iour luit,
Lors qu'auec vn lyrique carme
Il trompe ſon malade eſprit.

    Malade & certes non d'aimer,
Sa ſimple & peu ſine ieuneſſe,
Ne cognoit ny doux, ni amer,
Ny ce Dieu qui les ames bleſſe:
N'ayant en la trouppe des Dieux
Que le ſeul Mars pour odieux:

    Mais Phœbus, poarquoy prins-tu,
Ton ſerf de ta douce lumiere?

Tu as d'vn mefme fleau battu
Sthefichore & le grand Homere:
Eft-ce qu'embraffant tes amis
Tes raiz percent leurs yeux ternis ?

    Non , non ce Dieu Prince du fon,
Obteint qu'en accouchant la mere
Sa fœur aueugla ce garçon.
Pour le rendre ferf volontaire:
Car autrement par l'œil furpris
Maiftreffe pour maiftre, il euft pris.

    Les foucis & l'encens diuin,
Dons qu'a Phœbus plus doux on penfe,
Ie vau reprendre à plaine main
Pour obtenir qu'en recompence
Vn iour il luy rende la bas
Viue, & maiftreffe, & mille esbats.

    Pour vne Dame efchappee a l'Amour.

B *Erger Venus par le vifage,*
  Berger en braue force Mars,
Berger Appollon de corfage,
Et Mercure en grace & en arts:
Berger ta legere falace
Me fait rendre aux Dieux mille vœux
Au pied des autels quei'embraffe.
Que bleffee & vaincre foient deux

    Ce poil, cette bouche d'vn Ange,
Ce gefte, & ce fourris pipeur,
Pourroyent faire vn coup plus eftrange.
Que de naurer vn tendre cœur.
Mais graces aux Dieux qu'il m'eft loifible
Languir quand fecours ie ne veux:
Gaucher au coup eft impoffible:
Mais bleffer & vaincre font deux.
I'accorde bien qu'vne autre femme.

                       Peut

Peut encore eschapper tes lax:
Mais non auec pareille flamme.
Que celle ou mon cœur tu bruslas.
Vn sot moins qu'vn esprit habile
D'vn tel subiect sera transi :
Plus on void clair moins est facile.
Que tu blesses sans vaincre aussi:

Vn sot l'Amour souuent espreuue,
Et rarement vn bel esprit:
L'vn a peine vn digne obiect treuué,
A l'autre chaque obiect suffit.
Mais s'il prend vne ame polie
Elle ard plus qu'vn esprit terreux:
Comme l'huille ard mieux que salie:
Mais blesser & vaincre sont deux.
Berger plus parfait que les graces

Si tu auois en don des Dieux,
Au lieu des vents que tu embrasses,
L'art de t'arrester à ton mieux:
Ma ieunesse t'est eschappee.
Vn mary la possede heureux:
Vray est que tu m'auois frappee:
Mais blesser & vaincre sont deux.

Le Proumenoir de

MASQVERADES

ET CARTELS.

Pour des Indiens.

Amour ayant empraint dans les cœurs tant des breches.
Vid son arc sans vsage,& sa trousse sans fleches
Il nous appelle en pleurs : ô mes loyaux soldars
I'ay subuerty mon regne en espuisant mes dars:
Si par tendre pitié de ma simplette enfance,
Vous ne m'allez piller chez les Dames de France
Des fleches pour n'aurer les hommes & les Dieux.
Nous donc pris au lacet de l'art malicieux
Traçons des pieds la voye:& apres trois annees
Sous Phœbus renaissant par saisons retournees,
Nous n'auons sçeu trouuer ce que cherche le Dieu.
Tant que pour fin de queste,arriuez en ce lieu.
Parmy l'horreur de Mars,& des fieres alarmes,
Nous rencontrons, Amour tes arme & tes alarmes,
O petit,ô cruel,tu disois bien,helas!
Que nous aurions des traicts:mais tu ne disois pas
Que leur fer ouuriroit nos poitrines malades,
Humant d'auides yeux ces friandes œillades.
Ainsi le cheure pied quand Prometthe rusé
Pilla l'artiste feu de Iupin abusé,
L'œuure du bel esclat (ah trop simple nouice!
S'eschaude à ses douleurs,frisant à sa delice.
Dames qui eust pensé que le Nord froidureux

En vos almes regards peut couuer tant de feux?
Vn Soleil ard nos chefs aux Indes reculees:
Vn Soleil vers l'Arctique à nos ames bruslees.
Nous voulons à vos pieds nos armes prosterner:
Nous quittons nos pays sans vouloir retourner:
Et nos Dieux nous quittons pour suiure nos Deesses
Que si vous reiettez ce tiltre de maistresse,
Pleignez au moins le mal d'vn cœur humilié.
Si vous refusez grace, accordez la pitié.

Pour des Amazonnes desarmees.

Nous auons surmonté la superbe vailliance
De mille nations par le fer de la lance:
Combattu Theseus, Hercules combattu,
Quand le douziesme monstre il eut braue abbattu
Ores leuant du chef nos crestes menassantes,
Nous ouurons vn tresor de tresses blondissantes.
Nostre sein parauant sçeut porter le plastron,
Il veut ores flotter sous vn crespe mignon.
Voyez donc, ô François, les fortes Amazonnes.
Thermode nous laissame, & nos lointaines zones
Pour vous monstrer icy (peuple en guerre inuaincu
Combien la paix est belle apres qu'on à vaincu.
Si quelqu'vn s'esbait que parmy vos alarmes.
Nous osions cheminer sans nos puissantes armes:
Cettuy-là n'entend pas qu'au milieu des soldats
Amour aiguise vn traict sur la hache de Mars:
Ny comme vn beau parler, vne grace, vne œillade,
D'vn soldat furieux sçait brauer la brauade.

Pour des Bergeres.

Amenez-nous nos brebiettes
Nous les irons paistre aux verts champs:

En souspirant nos amourettes
Par la douceur de mille chants.
Donnez nous donc vos agnelettes
Mais non vostre cœur ocieux:
Qu'elles ne craigne nos houllettes,
Car nous ne frappons que des yeux.

Cartel.

Quiconque a le premier au sot vulgaire appris
A mesdire du fils de la molle Cypris.
Au lieu qu'vn feu d'Amour esprend les belles ames
Vulcan deuoit brusler sa langue de ses flammes:
Sacrilege effronté d'oser dire du mal
D'vn dieu qui de sa forme à madame est egal
Cupidon est ieunet ma maistresse est ieunette,
Il a pourpkins ioue, elle a la iou' pourprette.
Il a le sourry doux, ma Sainctcour rid de miel.
Sans amer est l'enfant, & ma belle est sans fiel.
Pour nous rendre plus sains tous deux nous font ma-
     lades:
Et s'il s'arme de traits, elle s'arme d'œillades.
     Or donc qui ne consent que nostre Cupidon
Ressemblant à ma sainte est tout bel & tout bon
N'approche de la lice où nos ieunes vaillances
S'en vont contre la bague à la pointe des lances:
Car la bague qu'on pend en faueur de Sainct-cour.
N'appartient qu'à celuy qui veut mourir d'amour.

EPI

EPIGRAMMES.

Sur vn pourtraict qu'on faifoit de Mon-
Seigneur le Conte de Soiffon.

PEinds la beauté, la grace, & l'ecclat-
tante gloire,
Peintre d'vn art parfaict ce Prince tu por-
traicts:
Ne peinds pas fon grand cœur, il le peint par fes faicts,
L'Efpagnol peint fa lance & i'en peindray l'hiftoire.

A Monfeigneur de Mont-penfier, fur vne lettre par laquelle il appella Lipfius en fa bóne
grace; la refponce s'en void imprimee parmy
les Centuries de ce tref-fameux perfonnage.

IO Mufe emporte le prix,
Vaincue eft la gourdie ignorance
Puis que tes celeftes efprits
Sont cheris du clair fang de France.
Prince de Minerue allaicté
Afin que François ton grand pere,   Le Roy
Par elle aux aftres exalté,   François
Sans vn fecond au ciel n' efclaire:
Tu fus referué d'vn deftin,
Sur la cheute du regne inftable,
Pour monftrer que ta ieune main
De le releuer eft capable,

Mais

Mais n'eſt-ce point Calliopé
Qui ſoubs l'habit d'vn ieune Prince,
Se voile au vulgaire trompé,
Pour habiter noſtre prouince?

A Monſieur le Baron de Biron, depuis Mareſchal de France.

Gournay pour l'amour d'vne fille
Tu as de ton camp exempté:
Biron elle a depuis vanté
Auſſi loin que ſon glaiue brille.

A luy-meſme.

Va ſaluer, _Quatrin,_ Biron braue & vaillant:
Plus glorieux que moy tu verras ce front alme
N'aye peur de ſon timbre, ou de ce glaiue ardant,
L'orage arme ſon bras pour nous tenir au calme.

Pour des enfans fiancez.

La fiancee parle.

Prinſe ie ſuis, i'ignore en quel lien:
Ie porte vn mal, la Mire y perd ſon liure:
L'Amour s'en rid & en tes mains me liure,
Gueris moy donc, ma mere le veut bien.

Elle meſme, luy abſent.

Rends moy mon Poupin, Cupidon,
Petit & beau comme ton frere:
Preſte enfant aux enfans ce don,
Ou ie l'iray dire à ta mere.

La Fiancé respond.

POmpône ce faux Dieu pour t'embrasser luy mesme,
Ne veut que ma beauté paroisse à tes deux yeux:
Mais tu me verras bien mal gré cet enuieux
Regarde Amour pourtraict, ton Pompon est là mesme.

La sœur de la Fiancee, au Fiancé absent.

DEpuis que tu es en chemin
Ma sœur se pleint de la poitrine:
Ne nous escris la medecine,
Il faut l'apporter de ta main.

Pour vne qui portoit vn petit plumail.

QVand tu vois vn plumail sur ma teste atissee
Dire mon petit cœur, tu te mocques de moy:
D'amour i'ay plumé l'aisle, en arrestant ma foy.
Ne dois-ie pas porter son plumage en trophee?

Version d'vne Epig. de Catule, Ad Ortalum.

IAçoit que consommé soubs la longueur cruelle
D'vne douleur cruelle, Ortal, qui me presse eternelle,
Le soucy m'ait distraict, des Muses aux beaux yeux
Et ne puisse exprimer leur fruits delicieux,
Pour la force des maux, dont i'ay l'ame agitee,
Car depuis peu de temps la riuiere Lethee,
Aux tourbillons vagueux, lecha d'vn flux glissant
Le pied de mon germain froidement pallissant:
Accablé par la terre à Troye mariniere,
Et soubstraict à nos yeux, Te parleray-ie ô frere

Tes propos deformais n'orray-ie deuifant ?
Ne verray ie iamais ce vifage plaifant,
Ame plus que mon fang, plus que ma vie aymable
Certes ie t'aymeray d'vne amour perdurable.
Ie chanteray toufiours ta mort en triftes vers.
Tels que deffous l'obfcur des bocages couuerts
L'oyfillon Daulien au Printemps les rechante,
Lors que d'Itys pery les deftins il lamente.
Mais non obftant vn dueil dont ie fuis fi gehenné
Callimach ie t'enuoye à ton defir tourné.
De peur que tu ne cuides, amy, que ta parole
(Comme en vain refpandue au vent vague & friuole)
Soit efcoulee icy d'vn efprit indifcret.
Tout ainfi que la pomme enuoyee en fecret,
D'vn ieune fiancé que l'amour enforcelle,
S'efchappe du giron de la chafte pucelle.
Lors que l'ayant cachee en fon mol veftement,
Elle fe leue à coup fa mere furuenant :
Et par oubly pauurette elle l'a fecouëe.
Precipiteufe elle erre en fa courfe inclinee.
Dont le fang vermeillet, s'eft coulpable efpandu,
Sous le teint delicat du vifage efperdu.

Tombeau de fes Pere & Mere.

A Infi que voftre amour pudique
   En la foy d'vne couche vnique,
Recuillit les tendres plaifirs
Qu'animoyent vos ieunes defirs :
Ainfi quand vous expirez l'ame
Ie vous eftends fous mefme lame,
Ayant d'vne pieufe main
Efpards fur voftre palle fein.
Les vœux de ma treffe cherie.

Qui de vos moëlles fut nourrie
Lors que ie succois peu à peu
La vie en vostre sang imbeu,
Informe, infirme geniture,
Mescognew encor' de nature.
O douce mere, ô pere doux,
Si le sort de nostre heur ialoux
Refuse à nos pleurs & prieres
Que les morts ressourdent des bieres,
Deslors que l'ombre gresle, helas!
Escoulé de nos tristes bras
Trace de sa plante fuyarde
Du Lethé la riue blaffarde:
Recueillez de la bas, au moins,
Les souspirs de mon dueil tesmoins,
Et que vos bouchettes blesmies.
Racomptant aux ames amies,
De quel doux & tendre soucy
Vous m'embrassiez iadis icy
Nourris de l'heureuse esperance
Que donnoit de soy mon enfance.
O mere aymee, ô pere cher.
Et si vostre voix peut toucher
L'oreille à ceux dont la memoire
Vainq le temps, illustre de gloire:
Grands esprits que les siecles vieux
Adoroyent pour race des Dieux.
Ils courront voir sur vostre image,
Le front, les yeux & le coursage,
Que par la naturelle loy
Vostre fille rappporte en soy.
Puis baisans vos ames nouices
Ils vous feront part des delices
Que Minos leur ordonne humain:

Et laçeront de gaye main
Vne guirlande bien fleurie
Au pere & mere de Marie.

Sur le Tombeau d'Aimee.

MOn Dieu petites fleurs, touffelette embamee,
Tu crois icy trop dru ces tendres os froiſſant:
Enceindz les ſeulement d'vn cordon floriſſant.
Pour dire au viateur: C'eſt le tombeau d'Aimee.

Grandeur labile.

BIrrhe eſt la grandeur meſme , & la meſme puiſ-
ſance.
Ses biens paſſent ſon conte , & ſon ambition.
L'honneur n'eſt plus pour luy, c'eſt l'adoration:
Son vouloir eſt deſtin, la loy c'eſt la ſentence.
Mais ta grandeur ſeruit d'éſchelle à ta potence,
Chetif Polycrates, ta grandeur la dreſſat
Et pour t'y voir brancher, ô mondaine inconſtance,
Ta ſourcilleuſe court alentour s'empreſſa.

La langue eſt tyrannique en amour.

FErmez Dames, fermez l'oreille & les eſprits
Des fleches de l'amour la pointe eſt en la bouche.
L'aſpic qui de la queuë vne oreille ſe bouche,
Non l'homme auec le ſens, pour la prudence eſt pris.

Don d'vn bleüet à l'vne de ſes compagnes.

C'E bleu fut peint par la nature
Sur le patron de vos beaux yeux:
Et prit ſur l'image des cieux
De vos yeux la belle teincture.

A vne

A vne autre, par ieu.

DEux fortes d'armes à Pallas,
L'aiguille, & la plume gentille:
De la plume tu me piquas,
Ie te piqueray de l'aiguille.

Vœu d'vn bracelet de corail,
& de criftal.

ACcepte ô Cupidon de la Bergere Amone
Le corail, & criftal, que ioints elle te donne.
N'aguereſe mirant en l'argentin ruiſſeau,
Sa main à difpofé ce meflange nouueau,
Sur le gentil patron d'vne larme qui nouë
Parmy la tendre fleur de fa vermeille iouë.

Difcretion d'vne efcharpe de dueil,
blanche & noire.

CEinds l'efcharpe ô gendarme, en pleurs & en
dueil taincte
Conftance eft poincte au noir, au blanc foy fe lira.
Cette efcharpe en ton fein, vne efpoufe liera,
Ferme & fidelle auſſi, ton ame mieux eftreincte.

Le foible n'eft pas toufiours fans
reuenche.

AV pard faucé d'vn violant effort
Le loup gourmand happoit vne cheurette:
Ah loup chetif s'efcria la pauurette
Foible ie fuis, mais mon pafteur eft fort.

G
A vix

A vn nouueau soldat.

Yant prins l'arquebuſe Horace,
Veuilles vn coup ſi bien viſer,
Que d'vn plomb tu puiſſes briſer
Ce traict dont Amour te menace.

L'amour & la mort ſ'ſm pariſont.

A mort, & Cupidon ſont deux couſins germains,
L'amour eſt plain de pleurs, la mort en pleurs
fondue
Tous deux s'arment de traits, tous deux n'ont point de
veuë.
Et l'vn porte vn flambeau, l'autre vn cierge en ſes
mains.

Reſponſe à vn Epigramme faiſt contre le colet
ouuert des Dames : qui commençoit par les
deux premiers vers de teſtu y cy ioinſt

Os Dames qui le temps paſſé
Ne vous monſtroyent que leur viſage,
N ouurent ore vn ſein retrouſſé
Par l'aiguillon d'vn feu mal vſage.
Mais afin que voſtre œil ieué
Sur leur neige en tetous formee,
Vous preſage que leur beauté
De dure froideur eſt armee.

Deffence d'vne Diane qu'on reprochoit d'im-
puiſſance, pour auoir laiſſé deſrober ſes fleches en maſquanade

I Cupidon auoir perdu
Par vos larcins ſa force iſnelle,

Il lamenteroit esperdu
Sa force pillee auec elle
  Mais pour ses petis darts soubstraits
Diane n'est point attristee:
Car ses graces & de non ses traits,
La rendent forte & redoutee.

Diane parle.

*N*E *m'accusez point de foiblesse*
  Pour vous laisser mes traits vainqueurs:
Amour aussi les siens vous laisse
Quand il veut enserrer vos cœurs.

Elle parle encore.

*I*E *n'ay plus que faire de traits*
  Niobe à perdu l'arrogance:
Les braues geants sont deffaits:
Et si quelqu'vn encor m'offensa,
Mars garde à sa punition
Cil qui me vengea d'Orion.

Larmes des Amans.

*V*N *iour le petit Cupidon*
  Follet grilla sa tresse blonde,
Se iouant de son chaut brandon,
Sceptre de la machine ronde,
  Les amans aux cris accourus
En pleurs de pitié l'esteignirent:
Et puis pour ses crins secourus
Dispense de larmes requirent.
  Lors Amour sourriant subtil:

Verſez des larmes eternelles:
Ma perruque eſt ſauue, dit-il,
Mais quoy ſi ie bruſlois mes aïlles?

Le coüard attaque la foibleſſe.

Vn loup la brebis pourſuit,
   Elle le prie eſperdue
Rauir plus graſſe repeue
Sur vn ſanglier qui les ſuit.
   Le loup d'vne dent qui baue
La happe, & briſe en eſclatss:
ie viurois, dit elle, helas
Si i'eſtois forte, ou toy braue.

Sur la Venus d'Apelles.

LE tableau, dit-on, où Appelle
   Repreſentoit Cypris la belle
Reſta par ſa mort imparfait:
Mais c'eſt qu'aduiſant au pourtrait
La vne beauté de Cytere,
Il tranſit, & ne ſçeut parfaire.

Autremeut.

LA Deeſſe de Guide ſaincte
   Demeura, dit-on, demy peincte
Par la mort d'Apelle fameux:
C'eſt pluſtoſt que voyant l'image
Il quitta meſtier & ouurage,
Et ſe fit de peintre amoureux.

Contredit.

C'Eſt abus de dire qu'Appelle
   Rauy de la Parque cruelle
Ne ſçeut acheuer ſon tableau:

Car

Car *Amour* print ʃa main ouuriere:
Laiʃʃe là, ce dit-il, ma mere,
Et peinds le ʃourcis d'*Iʃabeau.*

Des yeux d'Anne.

AH ie t'y prends, fils de *Cyprine,*
Les gens donc ainʃi tu affine:
Tu feinds que tu bandes tes yeux
Pour frapper ʃans choix ne triage:
Et c'eʃt pour celer l'aduantage
Que l'œil d'*Anne* emporte ʃur eux,

Larmelettes d'vne Linotte.

L'Homme ʃe leuant au matin
Ne ʃçait guere auec quel deʃtin
Il doit au ʃoir reuoir la lune!
O Ieux, ô Ris, quelle infortune!
Ah Parque au courage felon
Noʃtre Linotte eʃt à Pluton!
Sa voix eʃteinte au vent s'enuole,
Sa voix plus mignarde, & plus molle,
Que n'eʃt mignard encor là bas,
En cent, & cent petits esbats,
L'ombre du moineau d'Italie
Fretillant au ʃein de Lesbie.
Ny ton chef, ô doux oiʃelet,
Plus poupin, & plus ʃadinet
Qu'vn ʃourris de *Venus* la belle,
Ou le courroux d'vne pucelle:
Ny ce pointelé becquetin
Plus ʃemillant qu'vn faux Lutin?

Et

Et plus que d'amour les flechettes.
Ny cent mille graces saffrettes
N'ont flechy du fort la fierté.
Ains hayant nostre volupté,
Traistrement il a suscitee.
Cette chambrillon affetee.
La cagette aux brins deliez,
S'ergotant roide sur ses pieds,
D'vn bras haut pendre elle retente.
Dans l'agraffe au mur eminente.
Mais la prinse ô ciel inhumain?
Fraude subit la saffre main.
Et bronche bondissante à terre,
L'eaue & le grain roullent grand-erre,
Et nostre linotte au doux chant.
Le col & laisse en vain penchant,
Assommee exalle sa vie,
Ou cours-tu linotte ma-mie?
Mere helas, n'assouuiras-tu,
Au cher secret, d'vn sep tortu,
La vermeille bouche asseichee,
D'vne pepiante nichee?
Plus donc ne nous reueillera
Quand l'Aube au ciel s'espanira,
La voix delicate & subtile,
Qu'exalloit ce gosier exile?
Mignonne où te vas-tu ietter,
Si nous te pouuions rachepter,
Chaqu'vne d'vn tiers de sa tresse,
Nous le coupperions d'allegresse:
Voire & telle en donneroit bien,
Vn tiers des graces de son sein.

Sur

Sur la vache de Miron.
Elle parle.

NE beelle *amoureux bouueau,*
  Pour m'attirer en ta trouppe.
I'ay pour mary le toreau,
Qui porta la belle Europe.

Vne bergere parle.

IE m'en irois *filer ce soir*
  Sous l'orme où la vache i'ay veuë,
  Mais ie crains qu'elle s'est repeuë,
De l'herbe où ie soulois m'assoir.

  Quand Iunon l'ouurage découure
Elle dit d'vn soupçon nouueau:
Mon mary d'Europe se couure:
Pour toy vache il se feit taureau.

  Fermez soigneuse apres vous,
L'huys du iardin, Corisande,
Que cette vache gourmande,
N'aille brotter nos beaux chous.

  Mais pourquoy le Roy des auettes.
N'a il leur commun aiguillon?
Il cheut rompu sur les herbettes,
Picquant la vache de Miron.

Ieunes pasteurs fuyez d'y eye!
Vn taureau print vne pucelle,
Qui sçait si cette vache belle
Veut rauir vn de vous aussi?

Au Sieur de Haqueuille premier Presi-
dent au grand Conseil.

O N *croit en fin par toy que la race des Dieux*
Rend le droit, Haqueuille, aux plaines Helisee
Au lieu qu'on mesprisoit le iuge serieux
Quand ta noblesse antique a les loix embrassees.

Q V A T R I N S, P O V R L A
maison de Montaigne.

A Madamoiselle de Montaigne.

M *Ere semblable à toy ne vit entre les femmes,*
Marche à pair de Latone, & sieds entre les
dieux.
Mais elle n'engendre que le Soleil des cieux,
Et tu nous as produict l'alme soleil des ames.

A Madame de Montaigne.

T V *resemble Alceste en amour coniugale,*
La Tyndaride Grecque en grace, & en beauté:
Mais soit de nostre siecle ou de l'antiquité
En l'heur d'vn grand mary nulle autre ne s'égalle.

A Madamoiselle de Montaigne depuis Madame de la Tour d'Euiel.

L *Eue les yeux amont, vierge, & dis à Iupin:*
Mon pere te ressemble en diuine sagesse:

Ta

Ta niece ie fuis, il t'eſt frere germain:
Tu tiens le ciel ſur luy ce n'eſt qu'vn droit d'aineſſe.

A Madame de Peguillin.

QVand tu ne reluirois de ſcience & deſprit
Et n'aurois la nobleſſe aux bonnes mœurs com-
pagne:
Au ſommet d'Hilicon, ton nom doit eſtre inſcrit,
Pour eſtre d'alliance vnie au grand Montaigne.

A Madamoiſelle de l'Eſtonace.

IVnon n'excelloit qu'en richeſſe,
Latone en enfans Deliens,
Minerue en vertus & nobleſſe:
Mais tu as ſeule tous ces biens.

A Madamoiſelle du Camin:

LE ciel & la fortune enſemble,
Veulent ton mary contenter.
Si tu luy peux ſage enfanter,
Vne fille qui te reſſemble.

Au Sieur d'Arſat.

TA race bon pere te faict,
Ta femme bon Mary t'appelle
Chaqu'un te dit iuſte & fidelle,
Et ie te nomme amy parfuict.

Au Sieur de la Brouſſe.

DE Montaigne tres grand tu es le frere aymé,
La Brouſſe, & ce poinct ſeul te preſte autant
de

de lustre.
Que ton gentil esprit, & le corps bien formé,
Et ta richesse heureuse, ou cette race illustre.

Au Sieur de Mattecoulon.

Toy dont le bras armé me tient en seureté,
Braue Mattecoulon, ô fils de la victoire,
Si de ta forte espee Hercule eust vou la gloire,
Pour estre spadacim sa masse il eust quitté.

Au Sieur de Bussaguet.

La loy, mon bussaguet, est toute enorgueillie
Que ta tres-noble main a daigné l'exercer:
Mais le pauure plaideur que l'on veut oppresser
Est plus heureux encor auec ta prud'hommie.

Au Sieur de Pressac.

Masle garçon ie voudrois estre né
Afin, Pressac, que i'eusse ta vaillance.
Ou si Dieu m'a l'autre sexe donné,
Que ne m'a-il departy ta science,
Que tes vertus ie puisse escrire.

Au Sieur de l'Estomac.

Ie ne te veux rien presenter
Car tu as tout ce qu'on desire.
Ie veux seulement souhaitter.

Au Sieur du Camin.

SI ie voy iamais ton visage
Ie desire, ô braue Camin,

Pour me rendre *ſçauante & ſage.*
Que tu m'inſtruiſes de ta main.

Au treſ-illuſtre nom de Montaigne.

O Nom, mon liure tu termine,
Et tu le commenças auſſi:
Par le grand Iupiter ainſi
Toute choſe commence & fine.

www.ingramcontent.com/pod-product-compliance
Lightning Source LLC
Chambersburg PA
CBHW050018100426
42739CB00011B/2701